Gayan Winter & Wulfing von Rohr

Küß mich...
und ich sage Dir,
wer Du bist!

Illustrationen
von Meg Biddle

GOLDMANN VERLAG

Originalausgabe

Der Goldmann Verlag
ist ein Unternehmen der Verlagsgruppe Bertelsmann

Made in Germany · 1. Auflage · 7/89
© 1989 by MSI Santa Fe
© der deutschen Ausgabe 1989 by
Wilhelm Goldmann Verlag, München
Umschlaggestaltung: Wulfing von Rohr
Satz: Filmsatz Schröter GmbH, München
Druck: Pressedruck, Augsburg
Verlagsnummer: 9485
UK · Herstellung: Peter Papenbrok
ISBN 3-442-09485-2

Inhalt

Urkunde – Der goldene Kuß 6
Vorworte von Leuten, die es wissen müssen 9

Einzüngelung 12

Keine Lippe wie jede andere –
12 Mundformen und was sie verraten 16
Mit Abbildungen der 12 Idealschnuten

Küsse von A bis Z 36
Mit 109 Stichworten und 12 Bildanleitungen

So küssen uns die Sterne 89
*Von den wilden Widdern
bis zu den sensiblen Fischen*

Der große Kußtest – für sie und ihn und Sie – mit 28
Lebensfragen 103
Sind Sie Kußkünstler/in oder eine lasche Schnute?

Das Partyspiel »Rund um den Mund« 119
Mit 4 Auflösungen

Und wie küssen Sie? –
Schicken Sie uns Ihren Lieblingskuß! 122

❖ DER ❖
GOLDENE KUSS

Nach den offiziellen Prüfvorschriften
der Kussakademie, Präsident Professor
LIPPOLD ZÜNGLI
erkenne ich dir hiermit den Rang eines/einer ...

.......Drögen Kussmichels/ine · laschen schnute·

Trockenpflaume · saftigen Schnellzünglers/in·

samtigen Schwell-Lippe·

sinnlosen / sinnlichen/übersinnlichen/besinnungs-

losen Kussamateur/Kussprofis

(Raum für eigenes Zusatzurteil)

Z U .

GRÜNDE DER NUR NOCH DURCH KÜNFTIGE QUALITÄTSVER-
VERBESSERUNG UND QUANTITÄTSERHÖHUNG UMZUSTOS-
SENDEN FAST ENDGÜLTIGEN ENTSCHEIDUNG:

KUSSDAUER   ZU LANG · ZU KURZ · GERADE RICHTIG   □

LIPPENSPIEL   EINFALLSLOS · CHARMANT · ZUPACKEND   □

ZUNGENSPIEL   SCHÜCHTERN · STOSSWEISE · UMWERFEND   □

KIEFERHALTUNG   STARR · AGRESSIV · GESCHMEIDIG   □

SCHLEIMHÄUTE   TROCKEN · TRIEFEND · SEIDIG   □

MUNDFRISCHE   NA JA · ANGENEHM · STRAHLER 2000   □

AUGENAUSDRUCK   VERLOREN · VERLANGEND · VERTRÄUMT   □

HANDEINSATZ   UNERFAHREN · GEZIELT · EROTISCH   □

BENOTUNG DES KAMPFGERICHTS: _____ (PFLICHT) _____ (KÜR)
                              (10 - 0)

GESAMTEINDRUCK: ANFÄNGER/IN · KAVALIER/DAME · SUPERSTAR ·
                  □

     DU, _____

HAST DICH UM DIE KULTUR DER ZWISCHENMENSCHLICHEN BEZIEHUNGEN

    LEIDER NOCH NICHT · EIN BISSCHEN · UNVERZICHTBAR

              VERDIENT GEMACHT

Danksagung der Autoren

Ihr Lieben, ohne EUCH wäre dieses Büchlein nie entstanden . . .

Franziska, Linda, D.,
Bea, Maria, Agnes, Patricia, Marie-Luise, Regina,
Karin, Sabine, Elisabeth,
S., Kathy, Catherine,
June, Christine, Edith,
Manuela, Vatayana,
Christine, Susanne, I . . .

Heini, Barli, Kartoffel,
Stephen, Zipp, Ricky,
Rainer, Büdi, Mario,
Wolter, Klaus, Daniel,
Gunther, Charles,
VADAN, Rafia, Mahi,
BHAKTA, Rup, Tim,
HAWKWIND, . . .

und die vielen, deren Namen im Kuß der Zeit entschwunden sind . . . und auch schließlich jenen einen Dank, die wir im Geiste schon zu küssen hofften – und die wir dennoch ungeküßt von dannen ziehen lassen mußten.

Wulfing   Gayan

Vorworte von Leuten, die es wissen müssen

»Am Anfang war der Kuß . . .«, so der altbekannte
Auftakt der Fibel »Der Kuß als Spiegel der Persönlichkeit – Wie der Kuß, so der Mensch« von Professor
Lippold Züngli, Ordinarius an der staatlich anerkann-
ten Kußakademie Jungferndorf in der Schweiz.
»Küssen oder nicht küssen, das ist doch keine Frage!«,
führt er darin aus. »Ohne Kuß keine Demokratie in
diesem unserem Lande«, bestätigt ihm Deutschlands
größter Gartenzwerg.
Allerdings: »Das Küssen ist des Menschen Lust – das
Küssen ist des Deutschen Frust« und »Der Frauen
Lust, der Männer Frust«, warnt Kußexperte Züngli
(dessen Autorität in diesen Fragen indes jenseits der
Schweizer Grenzen schon beträchtlich in Zweifel
gezogen wird).
»Mein Mund gehört mir«, hält das Kußmanifest der
Gruppe »Neue Männer – Freie Männer« Prof. Züngli
entgegen. Worauf eine Frauenzeitschrift antwortet:
»Dann haltet ihn endlich.«
Der Aufruf von Diplomemanzologin Alize Schmoll-
mund, »Wo geküßt wird, wird nicht gekämpft«, steht
indes wie auf tönerne Lippen geschrieben.
Glaubwürdiger wirkt die südländische Aufforderung
des Filmtitels einer neuen französisch-italienischen
Koproduktion »Er kam, sah und küßte . . .«. Aus
Schweden, hören wir, wird gleichzeitig ein Gegenfilm
aufs harmlose Publikum losgelassen mit dem vielver-
sprechenden Titel: »Sie küßte, sah und ging . . .«. Ob
die spanische Nach-Franco-Fernsehserie, »Sie küßten

und sie schlugen sich« dagegen einschlagen kann, bleibt fraglich.

Immer noch unter dem Einfluß der Frauenvereine scheint die neue Propagandawelle der amerikanischen Kuß-Liga zu stehen. Der Präsident läßt zwar kostenlose »buttons« verteilen mit der Aufschrift »Ich bin ein Küsser!«, aber die gleichzeitige Verteilung von antiseptischen Kußsprays im Taschenformat verdirbt jedem urwüchsigen Küsser allen Spaß. Wer mag sich schon beim Küssen wie im Zahnarztstuhl fühlen? Selbst der filmkußerfahrene Regierungschef Ronnie vermochte mit seinem sicher gutgemeinten »Wer schneller küßt wird im Kampf der Küsse siegen« in der dramatischen Auseinandersetzung der Systeme nur begrenzte Zustimmung der Weltöffentlichkeit zu erringen. Allerdings ist das kreidemaulige »Brüderchen, küß mich, küß mich einmal, küß mich zweimal . . .« ebenso schnell als Heuchelei eines Ost-Wolfes enthüllt, der den Schafen im Westen womöglich nur seine Zunge zeigen will.

Einzige Hoffnung: die Nachfolger der legendären Hippies und Yuppies, die neuen Kissies. Ihr Motto, »Frisch geküßt ist halb gewonnen« macht Schlagzeilen. Sie setzen die Ratschläge des uralten Lipposutras in die Praxis um, und geben so orientalischen Mundweisheiten neuen Lebenssaft und Geschmack:

> »Der Mund, das geheimnisvolle Wesen:
> Essen rein, Worte raus, Küsse dazwischen.«

Altmeister Johann Wolfgang von Goethe sah schon auf dem West-Östlichen Diwan voraus:

10

»Wer sich selbst und andre kennt
wird auch hier erkennen
Männermund und Frauenmund
sind nicht mehr zu trennen.
Sinnig zwischen beiden Welten
sich zu wiegen lass' ich gelten
also zwischen Lippen, Zungen
heiße Küsse sind gelungen.«

Einzüngelung

Vom Kas zum Kuß: wer wüßte nicht, daß jeder Kuß verschieden ist – je nach Stimmung und Laune, nach Begehren oder Zurückhaltung, nach Erregungsgrad oder Langeweile. Aber wie oft wird übersehen: die relative Feuchtigkeit der Schleimhäute, die Gleitfähigkeit der Zunge, die Temperatur der Lippen sind mindestens genauso wichtig. Und obwohl uns die Fernsehwerbung seit über 40 Jahren mit Bildern von sich küssenden Männern und Frauen (natürlich mit Ehering!) überschwemmt: ungeputzte Zähne sind nach wie vor die schlimmsten Kußverhüterli.

Außerdem: Wir küssen jeden Partner oder jede Partnerin ganz anders – und (pardon) den Geliebten wieder anders als den Ehemann . . .

Manchmal geben wir uns hin, wollen genommen werden; ein ander Mal züngeln wir uns besitzergreifend ins feucht-fröhliche Paradies (in der vagen Hoffnung, keine unerwünschte Trophäe, z. B. in Form von Mundpilz davonzutragen).

Eskimos und angeblich auch Japaner finden Küssen unästhetisch, fast tierisch. Aber Westeuropäer dagegen möchten nicht unbedingt ihren zarten Zinken am triefenden Rüssel eines anderen reiben. (Hier fehlt noch ein Durchbruch für das Nord-Süd-Verhältnis, wie es Goethe für Osten und Westen herbeischrieb.) Mit unserem definitiven Führer durch die weite Welt der Küsse soll die Kunst dieses Vergnügens endgültig schmackhaft gemacht werden – auch den vielen Millionen Kußmuffeln, die sich noch verkniffenen Mundes, herber Lippen und trockener Zunge durchs Leben schleppen.

Der Kuß verrät mehr von der Persönlichkeit des Menschen, seinen Hoffnungen und Ängsten, seinen Fähigkeiten und Mängeln, als wir gemeinhin wahrnehmen. Wir küssen, wie wir sind! Liebevoll oder gleichgültig, großzügig oder kleinlich, intensiv oder oberflächlich, überschwenglich oder geizig, sensibel oder gefühllos, samtig oder herb, verklemmt oder ungehemmt, empfangend oder drängend, feucht oder trocken, einnehmend oder unwillig, erotisch oder unerotisch, erwartungsvoll oder nostalgisch . . .

Oder vieles zugleich, nacheinander, ineinander . . .

Wenn wir von ganzem Herzen küssen, werden wir selbst unser Kuß!

Nur unsensible Partner werden wir heuchlerisch einseifen, besser »einspeicheln«, können. Sobald Lippen und Zunge im Spiel sind, spüren alle Kußfans und Kußkünstler sofort, wo der Hase im Pfeffer liegt und was die Zunge geschlagen hat!

Wir kennen trockene, lederne Küsse, geifernde, spucke-sprudelnde Schwell-Lippen, reptilige Flachzungen und fleischige Kaliber, gespitzte Münder, die auf halber Strecke einfrieren.

Es gibt Küsse, die nie richtig anfangen und solche, die

nie enden wollen; zarte Zünglein, die sich wie hilflos
in einer dunklen hohlen Gasse verloren fühlen und
jene, die meisterlich wissend und selbstsicher erwar-
tungsoffene Lusthöhlen erforschen.

»Ein Kuß wie jeder andere«, das gibt es nicht. Jeder
Kuß ist einzigartig, einmalig!

Der Kuß gehört zu unseren intimsten Begegnungen.
Im Kuß tauschen wir unsere innersten Schwingungen
miteinander aus – leider zu oft ziemlich unbewußt.
Der Mund, sonst nur als Futterscheunentor und

Schnatterbüchse benutzt, kann viel mehr sein (was,
wollen wir Ihnen noch nicht verraten). Und die
Zunge, werden Sie fragen? Na ja, also, wenn's unbe-
dingt sein muß: was der Empfangsnippel in der
Antennenschüssel ist, ist die Zunge für Ihre süße
Schnute bzw. gieriges Kußmaul . . .

Wir müssen Sie jetzt mal wieder zur Ordnung rufen,
auf diesem Niveau kann man doch keinen ernstge-
meinten Kußführer lesen!

Also, ährrrlich . . . Sie kennen sicher auch den Kuß-
charmeur oder die Kußschameuse, die den Kuß als
Zungentanz zelebrieren, schmeichelnd, leichtlippig,
einladend ohne zu fordern. Und Sie kennen vermut-

lich auch den heftig schnaufenden Draufgänger oder die schnapplustige Wilde, die den Kuß zur olympischen Disziplin erklären wollen und sich uns als wehrlose Versuchskaninchen auserkoren haben.

Läuft Ihnen auch schon das Wasser aus dem Mund, zucken Ihre Mundwinkel unwillkürlich, spitzen Sie schon Ihre Lippen . . .? Also, auf geht's in Kußhimmel und -höllen, von A–Z. (Und nicht den schonungslosen Test am Ende verpassen! S. 103 ff.)

Aber vor dem großen Kußalphabet eine kleine Mundkunde, mit Bildbeispielen, wie die jeweilige Idealform aussieht.

Keine Lippe wie jede andere –
12 Mundformen
und was sie verraten

Sie wollen sich sicher genauso gern wie wir im
Schnellverfahren ein Urteil über die lieben Mitmen-
schen bilden können. Z. B. bei einem Geschäftsessen,
einem ersten Rendezvous, in der Badewanne, auf der
Kellertreppe, etc.
Und sicher wissen Sie auch, daß die überwiegende
Mehrheit der Männer, wenn sie einer Frau begegnen,
natürlich zuerst . . . na, wohin wohl schauen . . .?
Nein, doch nicht dahin, Sie Schleckermäulchen (siehe
dort).
Und wohin blicken Frauen bei Männern zuerst? Ja, ja,
verplappern Sie sich jetzt nur nicht, Sie kleine Schnatterbox (siehe dort).

Wir schauen natürlich zuerst nur tief in die Augen des
Gegenübers, dann auf die Hände und schließlich in
die Schuhe oder ins Glas . . .

Vorhang auf zur Enthüllung der jahrhundertelang
geheimgehaltenen 12 Mundweiser zum Wesen Ihrer
Freunde, Nachbarn und Abgeordneten. Unser inzwischen ja schon hinreichend bekannter Prof. Züngli hat

DER SCHMALLIPPLER

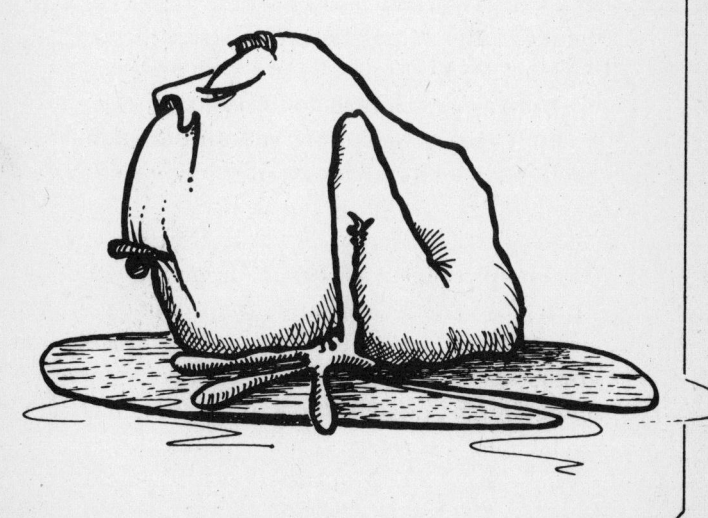

das Geheimnis der 12 Mundweiser zum ersten Mal beim Internationalen Kußkongreß anläßlich der Premiere von »Küß mich, Dummkopf« in Jungferndorf enthüllt. Damit sind jetzt auch blutige Anfänger in der Lage, sich auf Anhieb in die angemessene Kußerwartungshaltung zu begeben. »Enttäuschte Zungen sind endgültig aus dem Mund geschafft«, so der Professor. Er verweigerte allerdings die Auskunft, woher er seine Weisheit in diesem Fall bezogen hatte. Sollte er etwa einer altägyptischen Mumie in den Schlund geschaut oder einer indischen Liebesstatue einen Kuß entrungen haben? Oder ist alles nur wieder ein Produkt seiner durch wenig Praxis fundierten Phantasie aus dem Elfenbeinturm?

1. Der Schmallippler

Ein leider häufig in unserer »zivilisierten« Gesellschaft anzutreffendes Exemplar. Es ist durch verkniffene Lippen und angespannte Mundmuskeln gekennzeichnet. (Diese angespannte Verkniffenheit macht sich anderswo bemerkbar und führt nicht selten zu Hämorrhoiden oder Verstopfung.)

★ Das Hauptproblem der Schmallippler: Der Hahn ist zu! Für unsere Langsammerker: Wer Angst hat, anzunehmen, kann auch nicht geben. Der Schmallippler kneift alles zusammen, weil er weder etwas herein- noch herauslassen kann. (Übrigens hat er auch einen Vorzug: er sabbert wenig.)

★ Weil wir ja ein lebensbejahendes Kußwerk schrei-

DER KERNBEISSER

ben, sagen wir Ihnen auch, wie extreme Schmallippler zu entspannteren Gesichtszügen kommen,
und so ihre/n Seelenpartner/in finden, im Lotto
sechs Richtige und noch das ewige Leben dazu
gewinnen können:
Er küßt und küßt und küßt . . . (doch nicht den
Käfer, Sie Schlafmütze), sondern einen der Ideal-
partner für Schmallippler, nämlich die an Ihren
Lippen zuzelnde Spitzschnute oder das leckere
Schleckermäulchen.

2. Der Kernbeißer

Erstes Indiz für ihn sind sein weihnachtliches Nuß-
knackergesicht, also freudige Erwartung gepaart mit
kräftig-zupackendem Biß. (Küsse reimt sich auf Bisse!
Vorsicht: Alle Schmollmündchen und Spitzschnuten
in die zweite Reihe!)
Der Kernbeißer hat tatsächlich Freude an Beißküssen;
Frauen sollten sich hüten, ihm Wangen, Ohrläppchen
(Wascheln für unsere bayerischen Freunde) oder
Wimpern auszuliefern. Der Handkuß ist bei ihm dage-
gen relativ ungefährlich.

★ Seine angenehme Seite ist die Intensität, mit der er
  küssen kann (also für Widder und Skorpione
  gerade richtig). Allerdings verbeißt er sich gern
  und kriegt womöglich Kieferstarrkrampf.
★ Seine Kieferreflexe werden am besten durch die
  Schnatterbox gelöst oder durch den Schreckrachen
  schon im Ansatz verhindert.

DIE HÄNGELIPPE

3. Die Hängelippe

. . . hat natürlich mehr als ein Problem. Was nicht schwillt, hängt eben. Die Hängelippe saugt sich am Partner fest, um Halt zu gewinnen. Oder hängt sie etwa, weil sich an ihr schon so viele festgesogen hatten? Das müssen Sie jetzt wirklich selber herausfinden, wir sind doch nicht Ihre Kindermädchen!

★ Falls die Hängelippe nicht durch winterliche Erfrierungserscheinungen bedingt ist, liegt ein Mangel an psychosomatisch bedingter Gesichtskontrolle und innerer Spannkraft vor. Die Hängelippe hat jedem saftigen Kuß schon fast ade gesagt. Schade!
★ Hier hilft nur Kußgymnastik mit der Lüsterschnappe oder dem Gierschlund. Also Kopf hoch, Mund auf, Zunge raus . . .

4. Die Schnatterbox

Beliebter Partygänger, nicht nur unter den weiblichen Exemplaren des Homo sapiens zu finden – hören Sie sich nur mal wieder eine Nachrichtensendung mit aktiver Politikerbeteiligung an. Bei der Schnatterbox bleiben weder Aug' noch Mund trocken – allerdings kommt auch selten Romantik auf, denn wen stimmt es schon sehr sinnlich, wenn während der Kuß-Startphase Kochrezepte zum besten gegeben werden?

★ Allein das Breitmaul kann die Schnatterbox zum Schweigen bringen, indem es sich saftig ganz und

Die Schnatterbox

gar um sie herumstülpt. Wenn die Schnatterbox
auf das Lästermaul stößt, ist ans Küssen nicht
mehr zu denken. Die Umwelt rennt, rettet, flüch-
tet – Box und Maul nicht mehr gesichtet, wie unser
beliebter Heimatdichter sagt.

5. Das Lästermaul

Es unterscheidet sich von der Schnatterbox dadurch,
daß sein Geseime voll abwertender Kritik ist. Während die Schnatterbox aus unschuldiger Freude vor
sich hin schnattert, will das Lästermaul sein Ego auf-
blasen. Wir machen dabei nicht mit – kein Wort mehr
darüber.

★ Nur noch soviel: Vielleicht haben Schleckermäulchen und Schmollmündchen eine letzte Chance,
das Lästermaul zu umgarnen und seinen Frust
unter Küssen zu ersticken.

6. Der Schmollmund –
auch als Marylin-Monroe-Klassiker bekannt.

Eigentlich eine Fehlbenennung, denn wer mag ihn /
sie nicht: weich, rund, leicht schwülstig, einladend,
hingebungsvoll, kindlich. Bisweilen fehlt es dem
Schmollmund indes an Festigkeit und Ziel.

★ Und wer kann ihm das geben? Natürlich der
Schütze, vorzugsweise mit Gierschlund oder Breitmaul.

DAS LÄSTERMAUL

DER SCHMOLLMUND

DAS BREITMAUL

7. Das Breitmaul

Hier haben viele Münder Platz. Unser Heimatdichter sagt: Wo man so küßt, da laß dich ruhig nieder, böse Menschen haben ein Grammophon. (Gayan meint, es macht nichts, wenn weder ich noch Sie etwas verstehen.) Aber ich probier's noch mal. Also wieder unser Heimatdichter: Wo man so küßt, da laßt euch ruhig nieder, das Breitmaul sprengt so manches Mieder. War wieder nichts?

★ Das großzügige Breitmaul (oft unter Löwen zu finden) liebt Publikum. Wem's zu heiß wird, sollte es statt mit der eigenen Zunge mal mit Eiswürfeln probieren. Wahrscheinlich stellt nur der Kernbeißer eine echte Konkurrenz dar.

8. Die Spitzschnute

Irgendwo zwischen Kolibri und Ameisenbär ist die Spitzschnute daheim. Ihr Ursprung ist umstritten – Ausgrabungen deuten auf außerirdische Herkunft hin. Erst her, dann hin – warum denn das? Götter, Gräber und Gelehrte helfen uns jetzt auch nicht weiter. Wissen Sie die Antwort?? Ein Sonder-Kußorden winkt dem glücklichen Einsender.

★ Die Spitzschnute nippt häufig nur und nimmt nur ungern Ganzkörperkontakt auf. Ein Gierschlund könnte wahrhaft therapeutische Wirkung ausüben. Freiwillige vor!

DIE SPITZSCHNUTE

9. Die Lüsterschnappe

Der Name sagt es bereits: Lüstern lauert die Lüster-
schnappe auf jede Gelegenheit fleischlicher Genüsse
vom herzigen Ohrläppchen bis zur kernigen großen
Zehe, von der eleganten Fingerspitze zum süßen
Nabelgrübchen. Bei der Lüsterschnappe bleibt keine
Lippe trocken.

★ Glücklich darf sich schätzen, wer eine Lüsterschnappe zu Hause hat. Ausnahme: der Schmallippler kommt mit ihr nicht klar.

10. Der Schreckrachen

Ein eingefrorenes Mundrund, als ob man gerade eine
Fliege verschluckt hätte (oder hat das Lästermaul nur
seine Klappe zu weit und zu lang aufgerissen?).
Der Schreckrachen ist manchmal auch die erste Reak-
tion des Schmallipplers, wenn eine Lüsterschnappe
ihn zum unbeabsichtigten Kußglück zwingt.
(Ab und an ist der Schreckrachen indes auch nur ein
erstarrtes Erstaunen nach einem ungewollten Aufsto-
ßen.)

★ Der Zahnarzt liebt Schreckrachen, kann er doch
   um so ungehinderter operieren. Und auch die
   Spitzschnute stößt gern unvermittelt mit Kolibri-
   schnabel oder Ameisenbärzunge tief hinein.

DIE LÜSTERSCHNAPPE

DER SCHRECKRACHEN

DAS SCHLECKERMÄULCHEN

11. Das Schleckermäulchen

Erstes Stichwort: Karies! Hier wird geleckt, geschleckt und alles hergereckt. Zucker, Soßen, Nasen, Zungen, Torten – am liebsten wirft das Schleckermäulchen seinem Partner eine Sahnetorte ins Gesicht und schleckt ihn dann ab; die Variante wäre z. B. Pfefferminzliqueur oder Grand Marnier, über strategisch erogene Zonen gegossen, gleich genossen.

12. Der Gierschlund

Er hält seinen Mund allzeit bereit, weit offen, einsaugend wie ein Staubsauger. Wenn er voll ist, bricht es allerdings auch immer wieder einmal plötzlich aus ihm heraus und dann haben wir den Salat. Wer will denn da noch aufräumen?

★ Der Gierschlund ist überschwenglich, aber auch wahllos. Und unersättlich. Das wäre was für Nymphomannen und Nymphofrauen. Aber für uns graue Durchschnittsküsser?

Und jetzt: Kußmanns Heil!

Ein Lied, zwei, drei . . .
Das Küssen ist des Müllers Lust . . .
das wird kein rechter Deutscher (Ami, Schweizer, . . .) sein,
dem niemals fiel das Küssen ein, das Kü-hü-ssssen.

DER GIERSCHLUND

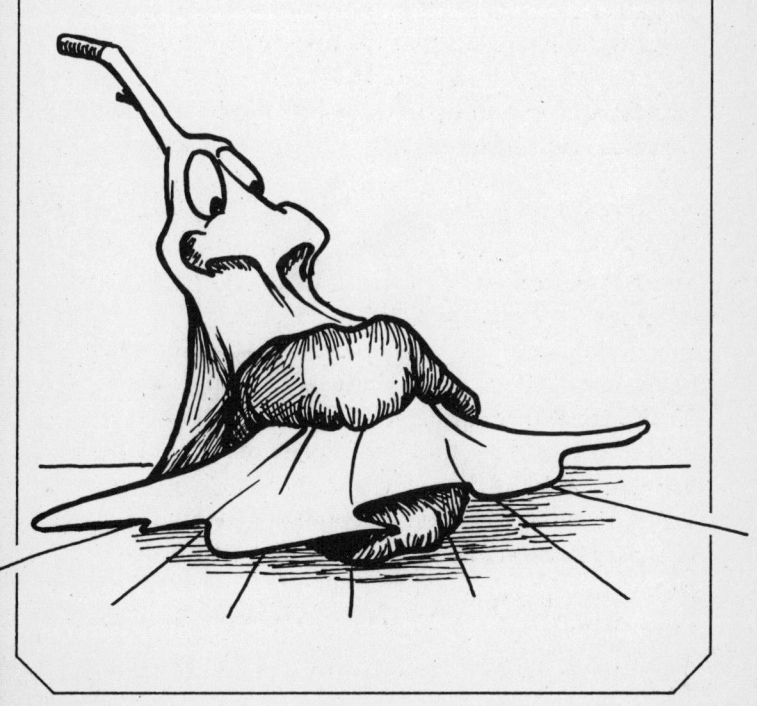

Küsse von A bis Z

 A _____

(Schreiben Sie hier bzw. unter dem passenden Buchstaben des
Alphabets Ihren Lieblingskuß oder den Namen Ihres Kußlieblings
als Widmung hinein!)

A wie **Aahhh**

Na, was fällt Ihnen selbst dazu ein? Was war Ihr erster
Aahhhh-Kuß? Ihr erstes aahhhh? Wie süß schmeckte
das...?

Der Aromakuß

Eine unkomplizierte Version des Lippenstiftkusses
(siehe dort). Die Kosmetikindustrie beschert uns ja
seit einigen Jahren diverse Schutzmöglichkeiten
gegen Aufspringen und Sprödigkeit der Lippen bei
Kälte und Trockenheit.
Was vermutlich im alten Ägypten der Kleopatra längst
selbstverständliches Raffinement der Verschöne-
rungsbranche war, ist inzwischen für uns wiederent-
deckt worden:

farbloser Lippenstift mit Kirsch- oder Mandelge-
schmack, mit Kokosaroma oder Hauch von Zitrone.
Erfindergeist und kosmetischen Kochkünsten sind
keine Grenzen mehr gesetzt. Bevor eine Partnerschaft
an Eros verliert und wir mit schmalen Lippen einen
längst vergangenen Frühling aufzuwärmen versuchen, tragen Sie lieber dick auf!
Allerdings, die Aromarichtung »Saure Gurke« ver-
trägt sich nicht mit »Ananas-Hawaii«. Und »Reife Erd-
beere« paßt nicht zur »Weichen Birne«. (Nur ein
Schuft wird sich seiner Partnerin mit der »Tollkirsche«
auf den Lippen nähern.)
Geheimtip für schlaffe Zungen (A wie Aphrodisia-
kum) ist das Aroma »Muskatnuß«.

Der adrette Kuß
(Details bei jedem guten Herrenausstatter.)

Der Abwehrkuß

Ein eher trockener Kuß, Lippen entweder zusammen-
gekniffen oder leicht nach außen gestülpt, keinerlei
Zungenspiel, der Gaumen klebt, meist Kloß im Hals
und unnatürliches Lächeln.
Auch mit der Umarmung ist es nicht weit her, die
Arme hängen entweder wie leblos herunter oder sind
in starrer Schulterabwehr.
Wer dem Abwehrkuß über den Mund läuft, sollte
sofort erkennen: hier läuft nichts weiter. Lieber einen
frühen Rückzieher als eine späte Ent-täuschung.

B

Der Bartkuß

Dreitage-Bart, Schnauzer, Vollbart, Zwirbel-Zwiebel –
viele Frauen haben mit Bart-Küssern ganz schlechte
Erfahrungen gemacht. Immer dieses Geraffel am
Mund – sie wollen keinen Filz mehr schlucken.
Trost für alle unsere Bartleser und -küsser: Nicht ver-
zagen, Bart immer gut waschen, Weichmacher rein,
Zunge raus!

Der Bißkuß

Ein echter Kernbeißer (siehe Mundformen) schwebt
bei diesem Kuß im Siebenten Himmel. Für eine Spitzschnute (siehe dort) wäre der Bißkuß ein Horrortrip.
Beim Beißküsser (bzw. der Beißküsserin!) müssen wir
uns in acht nehmen. Er schnappt in die schwellenden
Lippen, als seien sie sein königliches Festmahl.
Verklemmte Vertreter dieser Art nagen und zuzeln
mehr, als das sie wirklich mit ihren Zähnen zupacken.
Achtung: der Beißküsser beschränkt sich nicht nur auf
Mund, Lippen und Zunge – Hals, Nacken und Schul-
tern sind auch gefährdete – oder beliebte! – Ziele.

Der bodenlose Kuß

Hier stürzt so mancher kecke Küsser in die Tiefe.
Gaumen und Schlund sind bodenlos, wir fühlen und
wühlen, aber unsere Zunge findet keinen Boden.
Der Kuß kann auch unbefriedigend wirken, da wir auf
keine Grenzen stoßen, gegen die wir immer wieder
aufs neue anküssen könnten. Nur der Gierschlund
(siehe dort) kommt auf seine Kosten. (Warum kosten
Küsse eigentlich was? Oder ist kosten = schmecken
gemeint?)

Der Bischofskuß

Im Unterschied zum Fußkuß (der unter den Lebenden
wohl nur noch im Indien der göttlichen Gurus prakti-

ziert wird) ist der Kuß auf den huldvoll dargebotenen Ring der geistlichen Autorität noch immer gern geübte Ordnung – vor allem natürlich in manchen Kirchen.

Über den tatsächlichen geistigen, nicht geistlichen, Nutzen, über mögliche spirituelle Erhebung, hat Prof. Züngli noch keine zuverlässigen Forschungsberichte vorgelegt.

Ein recht irdischer Nutzen (Photodokumentation, die zu Hause um so stolzer präsentiert wird, je höher die Stellung des Ringinhabers ist) für den aktiven Kußpartner, sowie die äußere Bestätigung machtvoller Autorität für den passiven Kußpartner, sind indes beim Bischofskuß vielfältig belegt.

Vielleicht wird in nicht allzu ferner Zeit diese Spielart des Küssens der Geschichte angehören.

C

C wie **Chefkuß**

Der Casanovakuß

Diese Variante ist auch als »Italienischer Kuß« oder »Eroberer-Kuß« bekannt.

Beim Casanovakuß geht's sofort um alles, es geht gleich aufs Ganze; der erste Eindruck muß »sitzen«. Ein kleines Feuerwerk von Sinnlichkeit, Tatendrang und Zungenvirtuosität und mehr wird abgebrannt. Die Partnerin (bzw. der Partner) soll wie eine gegnerische Festung erst belagert, dann zum Ausfall gereizt und schließlich – wenn die Abwehr geschwächt ist – mit stürmischer Eleganz genommen werden. (Der ohnehin siegessichere Casanovaküsser liebt es, anfangs einen reizvollen Widerstand zu spüren!)

Der Cowboykuß

Wo italienischer Charme den Casanovakuß charakterisiert, gilt rauchig-rauhbeiniges Auftreten als Merkmal des Cowboykusses.
Richtige lebenssturmgegerbte Marlboro-Männer (seltener Frauen) lassen den Cowboykuß ledern-derb geraten, frostzerbissene Lippen oder wüstenheiß aufgesprungene Zungen machen den Kuß zu einem urigen Naturerlebnis – das an die ersten Kußzärtlichkeiten unserer Ahnen in den Höhlen der Steinzeit erinnert.
Der Cowboyküsser braucht keine künstlichen Aromahilfen: er bringt den Duft der großen, weiten Welt – Holzkohlenfeuer, Pferdeschweiß und Kuhdung, frisches Stroh, Sonnenwind und Gewitterregen – in Hemd, Haut und Haaren mit.
Wer nicht bis ins Monument-Valley in Utah kommt, kann etwas Ähnliches in Lappland oder den oberbayerischen Hochalmen mit der Sennerin bzw. dem Senn kußvoll erschnuppern. Nehmen Sie dabei nur nicht den Mund zu voll.

D

D wie Dame

Der damenhafte Kuß

Gekennzeichnet durch »artig« zusammengehaltene Knie und kontrolliert zusammengeklemmte Lippen erlebt dieser quasi viktorianische Kuß vor allem in der sogenannten höheren Gesellschaft immer wieder ein zeitweises Comeback.
»Wenn die Rocklänge fällt, kneift der Kuß«, sagt eine alte Bauernregel.
Der vermeintlich damenhaft zurückhaltende Kuß könnte auch »Englischer Kuß« genannt werden. Man ahnt einen Mangel an Saft und Kraft und Lebensfreude, der jedes leidenschaftliche Kußvergnügen im Keime zu ersticken droht.
Aber: Wer durchhält und sich nicht in die Irre führen läßt, vermag einen verborgenen Vulkan zu wecken. Wehe, wenn sie losgelassen . . . »Die wilden Weiber von Windsor!«

Der Dornröschen-Kuß

Natürlich! Unsere Romantiker wollen den auf jeden Fall mal kennenlernen. Aber: ganz gefährlich. Denn was passiert, nachdem der Jüngling endlich die verzauberte Tiefschlafprinzessin wachgeküßt hat?

Vielleicht erinnert die sich dann an ihre alte Liebe und läßt den verdutzten Freier stehen. Oder sie entpuppt sich im Wachzustand als Schreckschraube mit einem Quasselmund . . .
Unser Rat: lassen Sie im Zweifelsfall das Prinzeßchen lieber weiter schlafen.

Der deutsche Kuß – in Treue fest

Die Zunge spitz, die Lippen fest geschlo-ho-ssen . . . Melodie bekannt.
Was ist der »Deutsche Kuß« Ihrer Wahl? Einsendungen erwünscht!

Der D-Zug-Kuß
(Nicht zu verwechseln mit dem Intercity- bzw. dem Bummel- und Eilzugkuß.)

Man könnte meinen, es ginge um einen Schnellkuß, im D-Zug-Tempo, oberflächlich, einfach drüber geschleckt, schnell vergessen. Gefehlt – es geht um mehr, um sehr viel mehr.
»Kuß im Orientexpreß« – welche Abenteuer verheißt das. Die Phantasie trägt uns in die Arme eines feurigen Orientalen oder unter die Schleier einer geheimnisvollen Schönheit aus Tausendundeiner Nacht.
»Kuß im D-Zug« dagegen? Ja, Ja, und noch einmal Ja! Heimeliges Gedränge in überfüllten Gängen, deutsch-türkisch-serbokroatisch-italienisch-englisch-bayerisch-pfälzischer Sprachenwirrwarr, spürbare Tuch-

fühlung auf eingesessenen Kunstledersitzen zweiter Klasse, unter einem Vorwand initiiertes Anbandeln, Warten auf den Mantel der Nacht oder das Dunkel eines unverhofften Tunnels, Kniedruck oder scheinbar unabsichtliches Streifen des Arms . . . was kann nicht alles im D-Zug zwischen Kreiensen und Remagen, unter dem Wonne-Mond von Wanne-Eickel passieren!

Der neue Werbespruch des Bundesverkehrsministeriums:
Fahrt Bahn – denn Bahn bahnt an!

E

_____

E wie Ehe, Erleuchtung, ewig . . .

Der erste Kuß

Erinnern wir uns eigentlich noch?
Wie war das? Romantisch? Erregend?
Bebten wir – vielleicht mehr vor Aufregung und Unsicherheit als Verzückung und wirklicher Erhitzung?
Wo ist »es« passiert? Im dunklen Korridor der Realschule? Beim Zelten unter freiem Himmel? Hinter einer uneinsehbaren Hausecke?
Unter den Linden . . .? Im Mondenschein?
Im ersten eigenen Zimmer zu Hause?

War es ein flüchtiger Kuß, ein Beinahe-Kuß, bei dem
sich unsere Lippen nur schüchtern streiften?
War es ein feuriger Kuß, in den wir von einer/m erfahreneren Partner/in hineingesogen wurden?
Haben wir uns an den Händen gehalten, uns
umarmt . . .
Fast genug Stoff, um ein Buch nur darüber zu schreiben – also schreiben Sie uns!

Der Ehekuß

Schade, schade. Wir hätten uns so gern irgendeine
halbwegs amüsante Verallgemeinerung abgerungen –
aber, die Verantwortung ruft. Das Thema ist zu ernst.
Wir wollen schließlich nicht die heiligste der heiligen
Kühe moralisch melken.
Also: die Losung lautet: »Küßt wieder mehr, Ihr wer-
det es Euch selber danken!« Wer mehr küßt, liebt
mehr – wer mehr liebt, zeugt mehr Kinder – ergo:
unser Land muß doch nicht aussterben . . . wenn wir
nur mehr küssen würden.
Aber, Ernst beiseite – häufigstes Merkmal der Ehe-
küsse ist beispiellose Teilnahmslosigkeit. Und dagegen schreiben wir an, was die Blätter tragen.
Probate Medizin ist die Teilnahme an der großen
Kußolympiade »Kuß ohne Grenzen«, live auf allen
Kanälen, mit internationaler Kußjury und regionalen
Vorausscheidungen.
In der Pflicht werden Kopfhaltung, Mundform, Lip-
pen- und Zungenbewegung gewertet und vieles
mehr.

In der Kür geht es um Lautuntermalung (Grunzen und Verzweiflungsstöhnen verpönt), Eleganz bei der Bewältigung von unerwarteten Schwierigkeiten (Brillenungetüme, Zahnprothesen . . .), dynamische Hautverfärbung als Anzeichen echter innerer Anteilnahme und sportliche Fairneß (was immer das heißen mag). Prof. Züngli wird den Siegern/Siegerinnen den »Kuß ohne Grenzen« verleihen – in Gold, Silber und Amalgam. Zugelassen sind nur Ehepaare, die ihre Heiratsurkunde mitbringen.

Der elektrische Kuß

Wie ein Zitteraal vibriert die elektrisierte Zunge in ihrem Element: einem begehrten Mund. Jede Berührung mit den feuchten Schleimhäuten erzeugt neue Wellen des erotisierenden Entzückens.
Die Zunge schlägt ein wie der Blitz. Ehe wir uns versehen, fordert der elektrische Kuß unser Bestes. Er zündet wie fast kein anderer – selbst die kühlsten Münder können nicht lange widerstehen.

Der Erleuchtungskuß

Bhagwan und manche anderen Gurus verkünden: »Küß Dir Deinen Weg zu Gott!«
Gott küßte die Erde und sprach: Es werde Licht. Und siehe da, es wurde wirklich ein bißchen heller.
Ob das den inzwischen wohlgeübten Kniefall und Kuß der fremden Erde erklärt, den ein wohlbekanntes

Oberhaupt einer großen Religionsgemeinschaft bei seinen Missionsreisen gleich nach Ankunft auf den Flughäfen dieser Welt zu praktizieren pflegt?
Der Erleuchtungskuß könnte auch der »Ritualkuß« genannt werden. Es geht immer darum, daß er uns aus der vulgären Alltagssphäre nur lustbetonter Küsse hinaushebt in die ätherischen Dimensionen der geistigen Entrückung – außer, wenn der »Meister« seine Lieblingsschülerinnen küßt (siehe »Gurukuß«).

Der ewige Kuß

Jedes halbwegs gut verkäufliche Film-Happy-End verheißt uns den ewigen Kuß.
Und Filmtitel beweisen, daß Küsse immer irgendwie etwas mit der Ewigkeit zu tun haben, im Guten wie im Schlechten:

»Küssen ist keine Sünd'«
»Geraubte Küsse«
»Küsse, Kugeln und Kanaillen«
»Küß mich, Dummkopf«
»Der Todeskuß«
»Kuß der Tosca«
»Küß und verschweig' mir nichts«
»Kuß der Spinnenfrau«
»Ein Kuß vor dem Tode«
(schon wieder; da muß irgend jemand Todessehnsucht haben.)
»Noch ein Abschiedskuß«
und schließlich noch
»Küß mich als gäb's kein Morgen«

Bernhard Schneidewind schrieb im Schweizer »Tages-
anzeiger« auf der Kulturseite: »Von den (leeren) Ver-
sprechungen der Küsse im Film und vom Unabänder-
lichen des Rituals.« (3. 2. 1988)

Wir meinen: Wenn Sie schon nicht ewig im Sinne des
Guinness-Buchs der Rekorde küssen (Jonathan Hook
küßte am 10. 3. 1983 im Rahmen einer »Wohltätig-
keitsveranstaltung« in England an einer Universität! –
wohltätig für wen wohl? – 4106 Frauen in 8 Stunden;
Hougan und Brad Spacy aus Kalifornien küßten sich
im Juni und Juli 1983 in 17 Tagen und 9 Stunden
Dauerknutscherei), so lassen Sie Ihren Partner/in doch
bei *jedem* Kuß spüren, daß Sie diesen Kuß genießen
und sich weitere wünschen.

F _____

Der französische Kuß

In einem selbstverständlich jugendfreien Buch, das
auch von den amerikanischen Frauenvereinen als
Geschenk zum Valentinstag empfohlen werden soll,
hat der französische Kuß eigentlich nichts zu suchen.
Aber . . . nun gut, Ihre Neugier läßt Sie ja schon schier
platzen: ein bißchen was sollen Sie doch darüber noch
erfahren.
Warum überhaupt »französisch«? Warum nicht eng-

lisch, schwedisch, vielleicht am ehesten sogar polyne-
sisch?

Wir wissen's nicht.

Immerhin – für Abwechslung und erotischen Kitzel
sorgt »der französische« noch immer – vorausgesetzt,
daß der Partner über eine sensible Zunge verfügt, die
weder zu herausfordernd heftig ist noch ungezielt
herumirrt, und man jedes ungebührliche Beißen und
Kneifen vermeidet. (Nichts für Kernbeißer.)

Zur Ouvertüre eines rundum prickelnden »Französi-
schen« gehört guter französischer Rotwein oder echter Champagner, wohlig ungestörte Atmosphäre, ein
weiches Pfühl, sinnliche Musik und sanftes Licht.
Außerdem ein Stück Lakritze oder Pfefferminz –
natürlich hinterher!

F wie **Froschkönig und Prinzessinnenkuß**

Der Filmkuß

Über die Bemerkungen unter dem Stichwort »Der ewige Kuß« hinaus: Im allgemeinen bleibt der Filmkuß dem Vernehmen nach leider an den Lippen hängen, er geht nicht in die Tiefe. Als Beginn einer Kußkarriere ist er akzeptabel, für Gourmets bietet der Filmkuß allerdings höchstens optische Genüsse.

Der Fußkuß

Der Fußkuß gehört in eine Gruppe mit dem Bischofs- und dem Gurukuß, dem Erleuchtungs- und dem Stirnkuß. Sie alle werden durch emotionale bis unter-

tänige Hingabe der aktiv Küssenden und eine hoheitliche bis arrogante Haltung des (meist männlichen) passiven Kußempfängers gekennzeichnet.

Zum Fußkuß im besonderen: Was früher einstudiertes Ritual zwischen zwei lebenden Personen war – etwa um eine vermeintliche Frömmigkeit bzw. Ergebenheit zur Schau zu stellen – ist im Laufe der Aufklärung zu einem recht einseitigen »Vergnügen« zwischen Touristen und Bronzestatuen vergangener Zeiten geworden. Lippen-abgewetzte Stiefelspitzen oder blanke große Zehen legen dafür an vielen historischen Stätten beredtes Zeugnis ab.

PS: Eine andere Art des Fußkusses, die eher schon etwas mit dem Liebesvor- oder -nachspiel zu tun hat, in das Abzuzeln der (gewaschenen) Zehen. Achtung, Hochspannung!

G

G wie **Geräuschvolle Küsse**

Der Geierkuß

Wenn sich noch niemals ein Mann wie ein hungriger
Geier auf die Beute Ihres erwartungsfrohen Mundrots
gestürzt hat, haben Sie (leider, leider) etwas Wesentli-
ches in Ihrem Leben verpaßt.
Der Kußgeier stößt auf sein meist nur schwachen
Widerstand bietendes Opfer hernieder und tut sich an
den hoffnungsvoll wie eine gerade aufblühende Rose
geöffneten samtigweichen Lippen gütlich.
Er nimmt seine Beute wie im Fluge. Und sollte der
Kußgeier einmal an Ihnen vorbeizurauschen drohen,
fahren Sie doch einfach wie unabsichtlich aber dennoch gut erkennbar mit Ihrem feuchten Zünglein über
Ihre schwellenden Lippen. (Die Expertenmeinung ist
widersprüchlich, ob am besten vom Mundwinkel zur
Lippenmitte oder umgekehrt.)

Der Gurukuß

Während der Bruderkuß (siehe Russischer Kuß) unter
der Sonne der Öffentlichkeit stattfindet, »ereignet«
sich der Gurukuß vorzugsweise in der Intimsphäre
privater Gemächer.

Wir unterscheiden zwei Grundhaltungen bei der (dem?) Geküßten:

★ Naive Demut, die sich von der anfänglich zarten Berührung des Gurukusses auf das Scheitelchakra (sprich die Haupthaare), das Zentrum des dritten Auges (sprich die Stirn) oder die ergriffen erhobenen, gefalteten Hände geistiger Erhebung, womöglich blitzartige Erleuchtung (siehe dort) oder doch zumindest Öffnung für neue Bewußtseinssphären erhofft.
Erstaunliche Überraschung für viele »Uneingeweihte« – das passiert tatsächlich – subjektiv – recht häufig. (Den »Placeboeinwand« von schulmedizinischen Bücherwürmern müssen wir uns ebenso verbitten wie den Hinweis auf sich selbst erfüllende Projektionen aus der grauen Psychologenecke. Lassen Sie sich erst einmal selber vom Guru küssen!)

★ Eine seltenere Variante zu dieser Demutshaltung ist die verführerische, berechnende Versuchung des angeblich ewig lockenden Weibes.

Sogenannte Skandale rund um den Gurukuß sind nur ab und an darauf zurückzuführen, daß die Phantasie der Illustrierten-Schreiber und -Leser Purzelbäume schlägt.
Allerdings: Es gehören ja bekanntlich immer zwei »dazu«.

H

H wie **Hibiskuß**

Der Hofkuß

Ein klassischer Kuß, meist mit Kratzfuß und Handkuß
verbunden. Vor allem wurden Puder und Pomade
geküßt, ungewaschen überschminkte Wangen, Hälse
und behandschuhte Hände (siehe Handkuß).
Es gibt nur noch wenige Höfe heute, und sicher hat
sich dort alles gewaschen. So bedeutet seine Erwäh-
nung hier nur eine Reverenz an eine heute oft ver-
klärte Vergangenheit.

Der Handkuß

So manche hat ihn selber noch in ihrer Jugendzeit
aktiv ausgeübt. Wie das? Gaben junge Damen ebensolchen Herren etwa Handküsse? Nein. Des Rätsels
Lösung: In manchen Familien bestimmter Schichten
war es durchaus üblich, daß die Kinder die ihnen
huldvoll entgegengestreckte Hand der Mutter mit
einem Kusse ehrten – vor dem Zubettgehen.
Bei Hofe, in der »feinen Gesellschaft« und natürlich
auch dort, wo öffentlich kundgetane Hochachtung die
Begegnung der Geschlechter bestimmt/e, war / ist der
Handkuß als Ausdruck feinen Anstands und eleganten Charmes angebracht.

Mit der Zeit wurde dieses Ritual – das zunehmend zum Niederschlag psychischer Verklemmung geriet – den Männern (und Frauen?) offenbar zu viel und zu schwierig. Immer öfter wahrten Unholde nicht den zarten Abstand dreier Haaresbreiten zwischen ihren Lippen und der Hand des verehrten Fräuleins oder der ehrwürdigen Dame.

Die Damen trugen keine Handschuhe mehr. Es kam, wie es kommen mußte: Fettspuren wulstiger Lippen oder Essensreste aus ungepflegen Bärten machten aus einem Handkuß ein handfestes Mißvergnügen, einen unästhetischen Schmatzkuß.

Die Damen verweigerten ihre Hände, und ließen sie vorsichtshalber in den unterdessen modischen engen Bluejeans-Hosentaschen stecken.

Die Männer rächten sich: sie schickten die Frauen raus zum Geldverdienen.
Codewort dieses lang ausgeheckten Plans: Emanzipation.

Der Herzkuß

Sie kennen sicher das Sprichwort: »Ein Herz und eine Zunge!«

Der Herzkuß geht so:
Sie schürzen ihren Mund zu einem süßen kleinen Herzchen (gilt sowohl für Weiblein wie für Männlein), stellen oder setzen sich Ihrem Partner/in direkt gegenüber, legen nun sanft Ihre rechte Hand auf das »linke« Herz des anderen, spüren den Rhythmus der Herzschläge, bringen nun Ihre Münder in direkten Hautkontakt, Hand auf Herz und Herz auf Herz, und überlassen Ihr Zungenspiel ganz dem »Bumm – Buumm, bumm-buumm.

Da platzt uns schnell die Lunge vor soviel Herzensfreude, also aufgepaßt. Die Autoren lehnen jede Verantwortung ab. Übrigens: Dieser Kuß war vor allem im mittelalterlichen Orden des heiligen Rosenherzens verbreitet, als man noch nur von Luft, Licht und Liebe zu leben wußte.

I

I wie Illusion

Der innige Kuß

Der innige Kuß erinnert uns an unsere Kindheit, er
gibt uns Sicherheit. Wir fühlen uns angenommen, so,
wie wir sind. Innerlich gelöst verschmelzen wir mit
unserem Kußpartner.
Ein inniger Kuß wird nicht so leicht vergessen. Manch
leidenschaftlicher Kuß entflieht viel eher unserem
Kußgedächtnis.

Der Indianerkuß

Wie viele Jungmädchenträume haben mit Winnetou,
dem edlen Wilden, dem bronzefarbenen Indianer-
häuptling, begonnen?
Wie hat Winnetou wohl geküßt?
Mit seinen samtenen geheimnisvoll-dunklen Augen
blickte er hernieder auf das romantisch verklärtes
Gesicht einer weißen Squaw. Seine männlich-kühnen
festen Lippen schwungvoll bereit zu den Wonnen
eines Indianerkusses.

In einem deutschen Poesiealbum von 1955 lesen wir:
»Ich bin meiner Sinne beraubt. Pierre (für die jüngere
Generation: Pierre Brice, der französische Winnetou-

Oberdarsteller) ritt auf einem glänzend-schwarzen Rappen in mein Waldversteck. Er wußte, wo er mich finden würde, folgte er doch dem feinen Hauch meiner neuen Seife Lux (mein Idol Christine Kaufmann benutzte sie in ihren Filmen auch immer, um ihre männlichen Partner zu betören), der durch die Stämme strich; das Pferd nieste allerdings bereits. Er sprang gewandt vom Rappen, um wie ein Sturmwind über die erwachende Steppe meiner unerfahrenen Lippen zu rasen. Ich fiel in seine Arme und erwachte, als die rote Sonne im fernen Westen bereits unterging. Hatte ich alles nur geträumt? War der Indianerkuß tatsächlich an mir zur Wirklichkeit geworden? Allerdings: nie mehr kam Winnetou zu mir zurück. Hatte ich womöglich mein Odol vergessen???«

Der intellektuelle Kuß

Wollen, aber nicht können – die Zunge hab' ich wohl, allein, mir fehlt der Saft! Auf diesen kleinsten Nenner ist der intellektuelle Kuß zu bringen.
Die Birne herrscht, statt lustvoller Lippen trockene (Gehirn-)Lappen. Hier wird mehr diskutiert und analysiert als frisch-fromm-fröhlich-frei drauflosgeküßt.

J

J wie **Joker**

Sie haben endlich wieder freie Bahn,
ganz allein im Hier und Jetzt,
oder zu zweit im Gestern und Morgen.

Ein paar Zungenanstöße und Lippenhilfen:

Jahreskuß

Jelängerjelieber-Kuß

Judaskuß

K

K wie **Knutschen** und **Kolibri**

Der Kannibalenkuß

Der Name teilt die Wirkung bereits mit. Dieser Kuß ist
einmalig! Deshalb gibt es darüber leider auch keine

verläßlichen Berichte von Selbstversuchen.
Zentralafrika und Papua-Neuguinea rufen zur For-
schungsarbeit auf.

Der Knoblauchkuß

Keiner hat Knoblauch gegessen – kein Problem.
Beide haben Knoblauch gegessen – kein Problem.
Nur eine/r hat Knoblauch gegessen – großes Problem,
das Kuß- und Knutschvergnügen ist praktisch futsch.
Unter normalen Menschen eigentlich nicht – aber wo
sind die heutzutage schon noch zu finden?

Unser Hygienetick – wie so vieles Gute aus Amerika?
– läßt ja noch nicht einmal mehr normalen Körperduft
gelten. Da wird gebürstet, poliert, gesprüht, einge-
cremt, übertüncht – damit wir scheinbar wirklich zum
perfekten Aramis-Mann oder zur vollendeten Gala-
Dame werden.
Das Neueste auf dem Markt: synthetisches Natur-
menschenaroma in den Duftnoten herb-männlich und
rassig-weiblich, wie wir früher einmal selbst gerochen
haben. (Ja, ja, unsere Ahnen.) Unser persönlicher Rat,
bevor Sie teure Kosmetika kaufen: Zurück zum Knoblauch!
Damit sind wir wieder beim Thema »Knoblauchkuß«.
Auch das rachengoldigste Mundspray oder die minz-
intensivste Zahnpasta wird den kernig-würzigen
Knoblauchgeruch nicht zudecken können.
Warum also nicht einmal die (neue?) Erfahrung
machen, daß zum taktilen Gespür auch noch

Geschmacksnerven und Geruchssinn auf ihre Kosten kommen können?
Also, wenn Ihr/e Partner/in gerade beim Italiener war, stecken Sie sich schnell die Viertel Zehe zwischen die Kiefer.

L

L wie Liebe, Lust und gute Laune

Der Liftkuß

Er ähnelt dem D-Zug-Kuß (siehe dort), dauert aber wesentlich kürzer. Hochhäuser in den USA sind als Testgelände besser geeignet als unsere deutschen, einfach weil sie statt 10 oder 12 eben 30 oder 40 Stockwerke bieten.
Das Hauptproblem: Wie kann man die Chancen des Liftkusses rasch realisieren und ebenso schnell, aber vor allem unauffällig, wieder das Haar zurechtstreichen, die Krawatte zurechtrücken oder das Lippenrot nachziehen?
Und überhaupt – der Liftkuß funktioniert ja sowieso praktisch nur im total überfüllten unübersichtlichen Großlift für 123 Passagiere oder in trauter Zweisamkeit.
Er ist also nur für fixe Draufgänger/innen erster Güte geeignet, die einen ebensolchen enthemmten und mutig-virtuosen Partner haben.

Den Lift mit dem Nothalt unterwegs zu stoppen, halten die Autoren für eine riskante, nicht empfehlenswerte Alternative zum unwillkommenen Frühabbruch eines Liftkusses durch ungebetene Zusteiger. Wer weiß, ob der Liftwart nicht gerade selig in der Umarmung eines ewigen Kusses schwelgt?

Der Lippenstiftkuß

Weibliche Version: Unter so viel Farben fein lockt ein weiches Züngelein. Der Lippenstift zeigt den Modegeschmack der jeweiligen Saison an, sowie die Farbvorliebe der Mundbesitzerin.
Ein solcher Mund schmeckt nicht allen; Gourmets unter den Küssern wissen oft nicht recht, warum sie Kosmetik statt süßen Honigseims der Angebeteten verkosten sollen.
Der kußechte Lippenstift ist nur ein halbherziger Ausweg. Wir empfehlen ein Fläschchen reinen Alkohols zur rückstandslosen Entfärbung, damit man ungehindert ins unverfälschte feuchte Dunkel tauchen kann.

Männliche Version: Gerade erst ist der Lippenstift frisch aufgelegt, gerade erst das Gesamtkunstwerk mühevoll vollendet, schon will irgend so ein hergelaufener Schlawudrich einfach drauf los ... Oh, pardon, mein Schatzibär – doch, natürlich liebe ich Dich, das weißt Du doch genau – aber ich hab' doch eben, Du weißt doch ... ja, ganz frisch, Schätzchen, warte doch bis heut abend – wenn Du dann nicht wieder einnickst ...

Wie es weitergeht, wissen wir ja alle – aus eigener Erfahrung oder aus dem Vorabendprogramm. Entweder folgt ein überaus vorsichtiger, die Lippen kaum berührender Streifkuß, ein schnelles Nachziehen der Mundkonturen und ziemlich miese Stimmung mindestens bei einem Partner – oder eine heftige Knutscherei, wenn die Qualität des Kußbegehrlichen dies rechtfertigt.

Man beweist sich gegenseitig Temperament und unverbrüchliche Liebe. Mit der Konsequenz, daß Hemdkragen und Haare mühsam von roten Resten moderner Farbtechnologie befreit werden müssen.

Fazit: Im Zeichen der Emanzipation schlagen wir vor,

★ entweder den Lippenstift völlig wegzulassen,
★ per Modedekret auch den Männern Rouge zuzugestehen, oder
★ zeitweise aufs Küssen zu verzichten.
  Aber wer will das schon?

Der letzte Kuß

Wer kennt ihn nicht? Den obligaten Höflichkeitskuß, wenn alles gesagt, alles ausgefochten, alles vorbei ist? Der »Schlußkuß« ist meist nicht mehr als eine kurze trockene Begegnung zweier Lippenpaare, die sich nicht mehr aufeinander einlassen wollen – oder können.

Der letzte Kuß: das Überbleibsel einer Vertrautheit, die leer und schal geworden ist, doch aus Gewohnheit oder Konvention beibehalten wird.

Doch manchmal schlägt der Schlußkuß auch in alte-
neue Hitzigkeit um, in ein Aufwallen längst vergessen
geglaubter Schwingungen und Erregungswellen –
und . . . das alte Spiel von »Eine Frau und ein Mann«,
das Spiel ohne Grenzen um Partnerschaft und Bezie-
hungskisten, um Anziehung und Abstoßung, hebt
aufs neue an.

M

M wie **Macht des Kusses**

Der Mäusekuß

Wie ein feines Mäuseschnäuzchen wagt sich der Kuß-
mund lang nach vorn gestreckt ans Ziel heran, zart
ans Gesicht des Partners stupsend, um sich rasch wieder sichernd oder schüchtern zurückzuziehen. Und
dieses Hin und Her dauert dann fast eine kleine Ewigkeit.
Von Zungenspiel hier keine Spur. Selbst die Lippen
finden sich erst nach einer lieben langen Weile. Der
Mäusekuß stellt eine bestimmte Entwicklungsstufe
der Kußerfahrung dar.
Ausnahme: Wenn der Mäusekuß nur eine nicht vor-
handene Unerfahrenheit vorspiegeln soll, in Wirklichkeit aber feinsinnig Element eines ausgeklügelten
»Katz-und-Maus-Spiels« ist.

Der Mutterkuß

Wer könnte den Kuß seiner/ihrer Mutter vergessen.
Liebevoll, ermunternd, beschützend, tröstend, aner-
kennend-stolz – je nachdem.

Dann gab es eine Zeit, in der uns dieser Kuß nicht
mehr behagte. Der gutgemeinte Kuß auf die Stirn des

Teenagers, der/die die Mutter fast um einen Kopf
überragt, noch dazu vor allen anderen, den fast
erwachsenen Freunden – peinlich geradezu.
Und Jahre später, vielleicht viele Jahre später, nehmen
wir die Mutter von uns aus in den Arm, küssen ihr
Stirn und Wangen, und halten sie gern ganz fest.
Schade, daß noch so wenige Väter eine warmherzige
Beziehung zum Mutter- bzw. Vaterkuß gefunden
haben, und wir uns womöglich auch ein wenig genie-
ren, unseren alten Vater fest in die Arme zu schließen
und ihn zu küssen.

N

N wie **Neuer Kuß**

Der Nasenkuß

Dabei reiben wir unsere Nasen zärtlich aneinander,
blicken uns liebevoll in die Augen (üben Sie zu Hause
vor dem Spiegel und schneuzen Sie bitte vorher).
Der selten erlebte Hautkontakt der Nasen bietet interessante Reize, die nicht nur den Japanern oder Eskimos vorbehalten bleiben sollten.
Aufgepaßt: Nicht jeder in unseren Breitengraden wird
Ihre sicher wohlgemeinte Absicht verstehen, wenn
Sie Ihren Rüssel unerwartet und unaufgefordert

einem/r Fremden ins Gesicht zu schieben versuchen.
Für unerfreuliche Nasenstüber als Folge lehnen wir
die Verantwortung ab.

Der Nibbelkuß
(oder auch »Der niedliche Kuß«)

Nachbars Stallhasen sind ein Vorbild für den Nibbelkuß. Niedlich schnuppern zwei Schnäuzchen aneinander, nibbeln an Mund und Nase des Gegenübers,
setzen neben den Lippen auch vorsichtig die Zähn-
chen ein.
Oft hält der/die eine ganz still, während nur eine/r
nibbelt. Die Zunge wird dabei geschont, weil nicht
aktiv. Hasen und Kaninchen nibbeln bekanntlich an
Karotten nicht etwa, um sich daran zu laben, sondern
nur, um ihre Nibbelküsse immer wieder zu trainieren.
Unser Rat, insbesondere an alle jungen Brautleute:
Vor der Hochzeit viele Karotten kaufen, und üben,
üben, üben . . .

Der noble Kuß

Edel wölben sich die elegant geschwungenen festen
Lippen, wie ein Gemälde das Gesicht, ausgewogen in
den Proportionen, klar im Teint, nobel die Haltung –
und dabei geht leider etwas vom urtümlichen, unge-
zü(n)gelten Gefühl verloren.
Kein heißer Atem aus schwülstig geschürzten Lippen,
kein schneller Pulsschlag, keine erwartungsfreudig
vorschnellende Zunge.

Der noble Kuß ist besonnen, überlegt und überlegen, fast kühl. Er wirkt fast wie eine dem/der Partner/in zuteilgewordene Gnade.

Unsere adligen Vorfahren haben den noblen Kuß vielleicht zunächst als Notwehr gegen zu heftig zupackende Küsser und Küsserinnen entwickelt, und ihn dann schließlich zum Gütesiegel ihres Standes in den partnerschaftlichen Beziehungen gemacht. (Nicht umsonst gilt der Adel ja heute oft als blutleer und freudlos – Fürstin Gloria selbstredend ausgenommen.)

O wie **Ostfriesenkuß**
(Diesmal sind die Westfriesen zum Erlebnisbericht aufgefordert, ganz objektiv, versteht sich.)

Der oberflächliche Kuß

Kommentar überflüssig.

Der Onkelkuß

Na ja, wir können uns schon denken, was Sie sich denken. Da schweigt des Sängers Höflichkeit.

Der orgiastische Kuß

Davon träumen alle! Wer ihn einmal erlebt hat, mißt
alle folgenden Begegnungen (leider) immer daran. Er
vereint alle Kußgegensätze aufs schönste und erre-
gendste in sich: Weich und doch fest, nicht trocken
aber nicht zu feucht, virtuos und gleichzeitig gefühl-
voll, Spannung verheißend und gleichzeitig erlösend,
fordernd und dennoch empfänglich.
Lippen, Zunge, Zähne, Hände und der ganze Körper
wogen in einem kosmischen Tanz, dessen Mittel-
punkt zwei Mäulchen voll himmlischen Nektars sind.
Der orgiastische Kuß erhebt uns aus dem grauen All-
tag der Mittelklasseküsse. Wir fühlen uns wie Parzival
im Gral oder die Fee Morgaine in Avalon. Unsere
Seele schwingt sich auf in den ewigen Reigen der
Kußheiligen – wenn doch das ganze Leben wie ein
solcher Kuß nur wär'.

P _____

P wie **Pfirsichkuß, Pfefferkuß, Plastikkuß, Philoso-
phenkus...**

Der Pferdekuß

Fast immer schmerzhaft, unfreiwillig und mit blauen
Flecken verbunden.

Probates Heilmittel: liebevolles Küssen der mißhandelten Partien, das sich entweder dann zum Fuß-Nibbelkuß hinunter entwickelt oder sachte aufwärts führt.

Der Parfümkuß

Welch unvergleichliche Duftwolke umweht Dein holdes Haupt. Im Unterschied zum Knoblauch- oder Lippenstiftkuß entsteigt der Parfümkuß nicht den Tiefen des Schlundes oder den leicht balsamierten Lippen, sondern besonders duftig-erogenen Zonen, welche von der einschlägigen Branche als höchst geeignete Träger verführerischer Wässerchen entdeckt wurden. Tausend Blumenfelder kondensiert in einem einzigen Tautropfen, der manchem Duft-Kußfetischisten die Sinne benebelt.

Q _____

Q wie **Quetschkuß, Quietschkuß, Qualmkuß, Quatschkuß** . . .

Q wie **Quellkuß:** alles sprudelt über
    Quizkuß: einer wird gewinnen
    Quarkkuß: wes der Mund voll ist . . .

Der Quallenkuß

Die Tiefseegeschöpfe unter den Menschen sind Meister dieses Kusses: nicht nur der Mund, nein, alle Arme küssen mit. Wovor der Löwe zurückschreckt, das macht den Skorpion an. Je qualliger der Kuß, desto heißer zuckt sein Stachel.
Der Quallenkuß ist überall und nirgendwo; die Hände und Finger sind gut orchestriert, Nase, Kinn und Ohren spielen auch mit. Und schmatzende, schlürfende, saugende Geräusche sorgen für ein Rundumerleben, das fast wie der Kannibalenkuß (siehe dort) ist – nur Gott sei Dank ohne die fatalen Folgen!

R wie **Rassiger Kuß, Risikokuß ...**

Der Russische Kuß

Er ist auch als »Roter Kuß« oder »Bruderkuß« bekannt. Sein Merkmal ist, daß er praktisch nur unter erwachsenen Männern, vorzugsweise des Ostblocks und offiziellen Gästen aus den sogenannten Bruderparteien des Westens ausgetauscht wird.

Einmal: fast eine Beleidigung. Wahrscheinlich wird der so Entehrte nicht mehr lange Mitglied im Zentralkomitee bleiben können.

Zweimal: der Normalfall. Ein genüßliches Schmatzen kann auf eine spezielle Gunstbezeugung und die bevorstehende Wahl ins Politbüro hindeuten.

Dreimal: offensichtlich soll bewiesen werden, daß alles zum allerbesten steht. Der Russische Kuß nicht nur als brüderliche Ehrenpflicht, sondern als willkommene Chance, echte Freundschaft zu bekunden.

Achtung: der dreifache Rote ist manchmal kein echter Russischer, sondern vielmehr ein Judaskuß, der Schlimmeres als nur die Abwahl verheißt. Zur Erinnerung sei der Austausch dieser Küsse 1968 zwischen Breschnew und Dubcek vor dem Einmarsch der glorreichen Sowjetarmee und ihrer Verbündeten in die ČSSR erwähnt.

Kuß Heil!

S

S wie Simsalabim

Der Schmetterlingskuß

Die Gesichter berühren sich kaum, die Münder schweben hin und her, die Lippen flattern auf und ab,

die Zungen benetzen nur ab und an das Lippenrot,
eher zufällig treffen sie aufeinander.
Dieser Kuß fühlt sich an wie Pinselstriche chinesischer
Kalligraphen oder Worte japanischer Haikudichter.
Eine Weise des Küssens, die angezeigt ist, wenn man
sich zunächst spielerisch kennenlernen möchte, oder
wenn es sich um eine künstlerische Verbindung han-
delt – oder auch als besonders sensibel-erotischer Auftakt zu weiteren sinnlichen Genüssen.

Der Seelenkuß

Transzendenz –
Abschied vom Grau –
Chöre jauchzen, Geigen schluchzen –
Oh du Jungbrunnen des Seelenkusses . . .

Friedrike Kemper, der schlesische Schwan,
läßt grüßen.

Der süße Kuß

Haben Sie auch schon einmal unter dem Blutzucker-
schock des übersüßen Kusses gelitten? Der süße Kuß
ist klebriger als fester Zuckerrübensirup und pappiger
als schlechtes Honigkuchengebäck. Karies, Zahnarztstuhl, Prothese und schließlich vorzeitig »ab in die
Grube«.
Der süße Kuß schlägt sauer auf den Magen. Nur dann
und wann in aller Kürze, wie ein Gläschen Likör vor

dem Zubettgehen, ist er bei unserem Zuckerkonsum noch drin.

Das Sprichwort heißt ja sowieso: Sauer macht lustig. Allerdings haben wir noch nie jemanden gehört, der einen sauren Kuß gelobt hat. Hatten unsere Altvorderen doch Unrecht?

Der Suchkuß

Zeichen entweder für das »Erste-Liebe-Syndrom« oder für Unsicherheit und Befangenheit.

Der Suchkuß ist leicht zu erkennen: die Lippen sind etwas geschürzt (was auch auf den vielleicht unbewußten Wunsch nach Distanz hindeutet – anfangs wirkt der Suchkuß fast wie der »Vogelkuß«, siehe dort), wenn es zum Zungenkuß kommt, traut sich die Zunge nicht sehr tief und lang in die unbekannte dunkle Höhle hinein.

Sie gleitet vielmehr unstetig hin und her – eben, als ob sie etwas sucht, ohne zu wissen was.

Der Suchkuß hinterläßt beim Partner ein Gefühl des Unbefriedigtseins – wenn er nicht, wie oben angedeutet, Ausdruck ersten sinnlichen Begehrens von Teenagern ist, denen lediglich das Kuß-Know-how fehlt.

T

T wie **Tantra**

Tantra? Na, Sie wissen schon, dieser indische Liebes-
yoga. Also, wo man erst die Beine verknotet, dann die
Arme hinter dem Rücken verschränkt, auf ein Nagel-
brett hüpft, und dann unter ekstatischem Jaulen den/
die Partner/in zu küssen versucht.

Der Traumkuß

Sanft wie eine Feder senken sich Traummünder auf
unser schlafend Gesicht. Die Lichtkörper der Traum-
elfen und Wunder-Pane hauchen unser Antlitz in
unbeschreibliche Kußwonnen.
Köstliche Schauer der Astralebene durchfluten unseren ruhenden Leib und heben unser Traumbewußt-
sein in geheime Gefilde.
Seenixen, Feen, Bacchus höchstpersönlich, Neptun
und Märchenprinzen, Gnome, Kobolde, König Artus
und der Nachbar von nebenan, sogar die Freundin
unseres Freunds und der Mann unserer Stiefmutter –
sie alle besuchen uns nächtens, tanzen im Kußreigen
und vermögen uns zu beglücken (mit Ausnahme der
Knoblauchfresser unter den Gnomen und Kobolden).

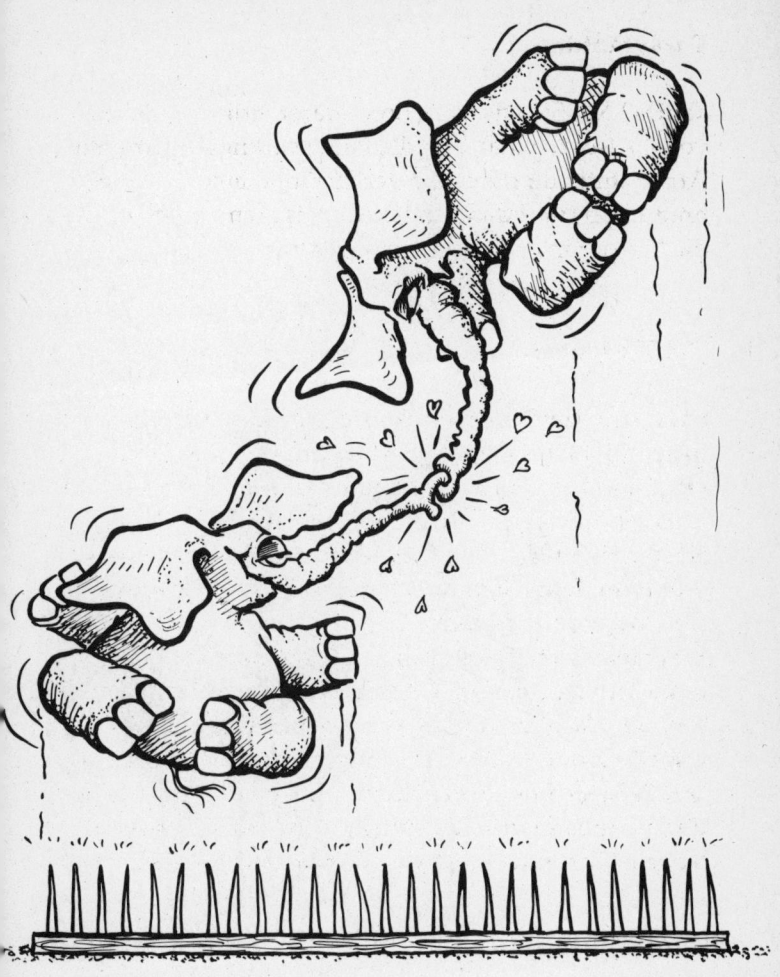

U _____

U wie **U-Bahn,
Untersuchung, Urknall**

**Der urafrikanische
Zungenkuß**

V

V wie **Versprechens-Kuß, Verführungs-Kuß, Vagabunden-Kuß** ...

Der Vampirkuß

Wenden sie sich vertrauensvoll an Graf Dracula, Transsylvanien, oder an den Jungmädchenfan Roman Polanski (mit dem Grafen weder verwandt noch ver- schwägert).

Der verbotene Kuß
(wieder in zwei Versionen)

Mann: Aufruf an unsere Leserinnen und Leser: Beant- worten Sie die Frage: »Was ist ein verbotener Kuß?«. Er ist hier unbekannt. Warum? Er ist doch verboten ... Der unbekannte Leser fragt zu Recht, ob Kalauer auf diesem Niveau auch noch gedruckt gehören!

Frau: Versteckt im Gebüsch oder auch mal in der Kleiderkammer, im Wald und auf der Heide, im Keller oder auf dem Dachboden – und immer dachte man an die Mahnungen der Erwachsenen, die nichts mehr selbst zu lachen und zu küssen hatten:

Wenn er Dich küßt, muß er Dich heiraten!
Oder: Daß Du mir ja nicht mit 'ner Blage nach Hause kommst!

Dabei wußten wir natürlich längst, daß man vom Küssen keine Kinder kriegt. Diese doofen Erwachsenen.

Gerötete Wangen, pochende Herzen, feuchte Hände – und immer wieder mal prasselte ein Ohrfeigenregen nieder, wenn man erwischt wurde beim »bösen« Tun. Aber es ist so wie mit den Kirschen in Nachbars Garten: je verbotener die Kirschen, desto süßer die Küsse.

Der Vogelkuß

Mitzusingen nach der bekannten Melodie von »Alle Vögel sind schon da . . .«:

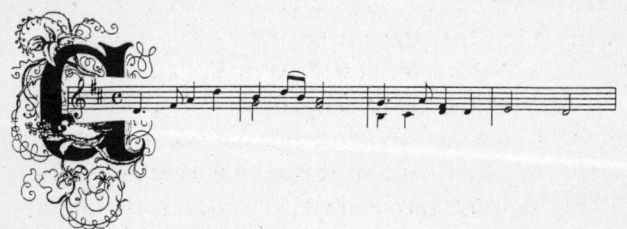

Alle Küsse sind fa-hast da, al-le Küsse, al-llllee
Casa-nova, Bru-huderkuß, Guru-, Mäuse-, sü-hüsser
Kuß,
Cowboy-, Ehe-, Ni-hibbelkuß,
al-le Küsse, al-llllee . . .
Das Kuß-Lustblatt »Die Heuschnappe« teilt mit, daß dieser unser Erguß den Trostpreis des regionalen Vogelsänger-Wettbewerbs von Schamhaft-Lippe errungen hat.

W

W wie **verwässert; Wein, Weib und Gesang; Wendekuß**

Der Wangenkuß

Die besten Feindinnen mögen auf diesen Kuß keinesfalls verzichten. Gibt es doch die Gelegenheit so zu tun, als ob . . .
Leicht Wange an Wange gelegt, einmal rechts, einmal links – zwischendurch einer dritten Person anzüglich-maliziös zublinzeln . . . der dreifache Wangenkuß wird auch »der Luxemburger« genannt – die haben noch eine Erberzherzogsmonarchie und das lockerflockige RTL-Programm . . ., da reicht zweimal einfach nicht. Wie wenn sich der Moderator von der Glotze nicht mit einem schlichten »Auf Wiedersehen« verabschieden könnte, sondern mindestens viersprachig »Bis zum nächsten Mal, Servus, Tschüs und auf Wiedersehen« schmalzt.
Beim romantischen Tanz alter Schule gehörte Wange-an-Wange als charmanter Auftakt möglicher Perspektiven zum guten Ton – und man war ja damit auch noch nicht endgültig festgelegt.
Ziemlich amüsant ist es für Nicht-Franzosen zu beobachten, wie die Wangenküsser zwar den Hautkontakt herstellen, ansonsten aber aus unerfindlichen Gründen immerfort in die Luft küssen.

X

X wie **Xanthippe**

Der XXX-Kuß

Waren Sie schon mal in Amerika. Hatten Sie mal eine/n
amerikanische/n (Brief-)Freund/in?
Dann kennen Sie die berühmten drei X am Ende eines
Briefes, etwa so:

»It was so nice to hear from you. I love you very much.
X X X X X X X X X
Yours with my entire heart
Emily (oder Bill)

Denken sie nicht, daß Sie es mit Analphabeten zu tun
haben – wie hätte sonst der Schmonzes davor entste-
hen können!

Wir Deutschen schreiben:
»Schatzibär, mach's gut, ich drück' Dich ganz fest,
und 100 000 000 000 000 000 Buuuussssssiiiiiss«,

und damit machen wir Ihnen kein X für einen Kuß
vor, sondern tun etwas für die Völkerverständigung.

Für die Langsammerker:
X X X = drei Küsse. also
X X X X X = . . . ja, ja, richtig! Fünf!

Y

Y wie **Yoghurt**, **Yak** und **Graf Yonder**

Der Yogakuß

Eine Vorbereitung für den schwierigen Tantrakuß (siehe dort). Der Yogakuß erfordert völlige Atembeherrschung – wodurch er manchen Menschen im Westen als langatmig erscheinen mag.

Es gibt mehrere Varianten:

★ Einer atmet total ein, der andere total aus – innehalten – die Münder schließen sich zur Kußversiegelung – und nun kommt es zum andauernden Gasaustausch, von dem wir schon im Chemieunterricht nichts verstanden haben . . .
Erinnert alles an die Rote-Kreuz-Wiederbelebungs-Knutscherei, um den Führerschein zu kriegen, nicht?

★ Beide atmen voll ein – wieder rasten die Münder gegenseitig ein – und jetzt geht's los . . .
Wer kann dem anderen seine Luftfanfare am gekonntesten in die Röhre blasen?
Unfair, wer vorher Schokolade ißt oder einen Brandy kippt.

Z wie **Zauber . . . Zauberkuß, Zaubernuß, Zauber-
schluß . . .**

Zum zauberhaften Schluß schrecken wir vor gar kei-
nem Blödsinn mehr zurück –
also entweder schließen Sie jetzt sofort das Buch, oder
Sie haben selber Schuld.

Der zahnlose Kuß

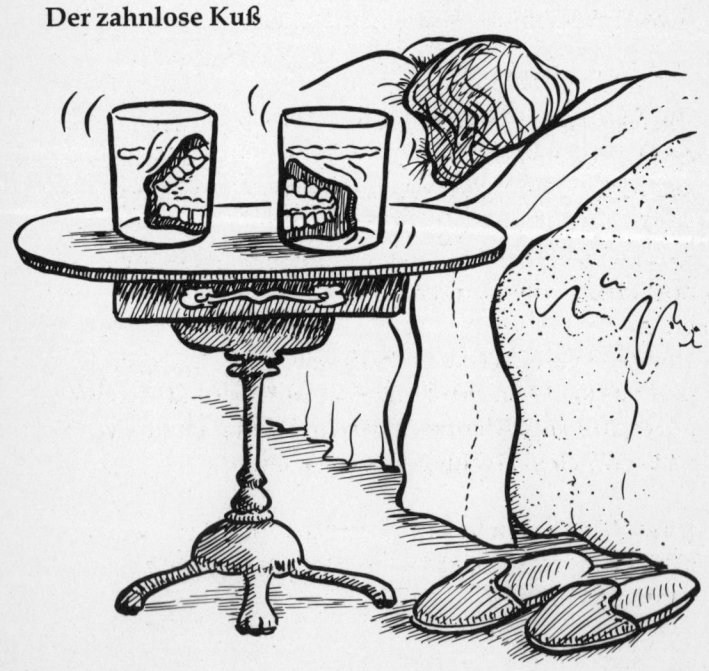

Der Zungenkuß

»Zunge, Mund und Lippen,
da läßt sich gern dran nippen!«

Dr. Gert Geisenlipp, der ewig unterküßte Assistent
unseres wohlbekannten Prof. Züngli, stellte diesen
Kuß-Kalauer an den Anfang seines Referats unter
dem quälend-verheißungsvollen Titel:

»Wie kommt die Zunge in den Mund?«

Allgemeines Erstarren ob dieser kühnen, weil nie
erforschten Frage. Aber Geisenlipp setzte nach, ließ
dem Fachpublikum keine Atempause:

»Und wer streckt sie wieder raus?«

Die allgemeine Verwirrung wurde durch einen lusti-
gen Publikumstest der Vorsitzenden des Verbandes
der vereinigten Lipposutras, Kamelie Kropf, aufge-
löst.
Sie ließ Dias verschiedener Zungen der Teilnehmer an
die Wand werfen, und alle durften raten: wer mit
wem?
Und weil Sie sich so brav bis hierher durchgelesen
und das Büchlein nicht zugeklappt haben, dürfen Sie
jetzt selbst Ihre Klappe öffnen und den folgenden
Kußtest sich und anderen verabreichen.

Unser Motto: Küß mich . . . und ich sage Dir, wer Du
bist!, oder warst, oder vielleicht noch mal werden
kannst, oder, na ja . . .

So, endlich der Test . . . Nein, Sie Leckermäulchen, ein bißchen müssen Sie sich noch gedulden. Wie wollen Sie den Test erfolgreich bestehen, ohne etwas darüber zu wissen, wie uns die Sterne küssen?

Sie haben jetzt 109 Küsse mit uns rekapitulieren können – die A-Note sozusagen – aber wie sieht die B-Note aus, die Ausführung und Haltung. Das hängt entscheidend vom Temperament ab, von der Energie. Und die wird maßgeblich von den Sternen bestimmt – oder glauben Sie etwa nicht an Astrologie, die Psychologie der Antike? Schade, dann entgeht Ihnen etwas.

So küssen uns
die Sterne

 **Widder**

Dieses Feuerzeichen will oft alles und sofort, auch beim Küssen. Er läßt den Partner kaum zu Atem kommen, er ist voller Sturm und Drang – er versucht mit der Zunge auch noch so fest geschlossene Zahnreihen zu durchstoßen.

Leidenschaftliche Liebe, oft auf den ersten Blick, verküsselt mit schwärmerischen Neigungen, kennzeichnen einen typischen Widder – wer aber ist schon typisch? Als typisch gilt unter Kuß-Astrologen, daß Widder einen starken Drang zur Selbstbestätigung auch beim Küssen nicht ohne weiteres überspielen können.

Widdermänner sind Abenteurern in irgendeiner terra incognita zu vergleichen – immer auf der Suche nach dem total anderen Kuß, nach der bis dato völlig unbekannten Zunge, nach der süffigsten Grotte in geheimem Neuland.

Die Widderfrau will genauso gern die Kußinitiative ergreifen, gesellschaftliche Konventionen hindern sie aber oft noch daran, dies auch ganz ungehindert auszuleben. Um so begieriger widmet sie sich ihren Erkundungszügen mit Mund und Zunge, sobald sie sich sicher und unbeobachtet fühlt.

 **Stier**

Voller Zuneigung und lustbetont, schlägt ihre emotionale Hingebungskraft manchmal in Besitzwunsch um. Eine erdige Urkraft gibt ihnen Substanz und die Stärke des »Primärkusses«.
(Den kennen Sie noch nicht? Bitten Sie einfach einen andersgeschlechtlichen Stier aus ihrem Freundeskreis um eine Demonstration. Vorsicht, Sicherheitsgurte anlegen!)
Stiere küssen voll-lippig, saftig, kernig; wenn sie Kußexperten und richtig aufgelegt sind, auch sinnlich-lasziv.

Stiermänner neigen, vor allem wenn sie älter sind, zu eher behäbigem Kußverhalten. Der Impuls steht ihnen dann zwar noch ins Gesicht geschrieben, aber bis Lippen und Zunge in Bewegung kommen, ist es manchmal für den weiblichen Partner schon gelaufen.

Mit Stierfrauen, teilt der Co-Autor mit, hat er nur interessante, angenehm herausfordernde Erfahrungen gemacht. Woran mag das liegen? Vielleicht an der geringen Auswahl oder seiner norddeutschen Flachland-Spätzündung? Ansonsten: weibliche Stiergeborene bringen etwas Fließendes mit in ihr Sternzeichen, womit sie der natürlichen Erdgebundenheit eine gewisse Eleganz verleihen.

 ## Zwillinge

Ein Charmeur: Er vermag den Partner zum Kuß buchstäblich zu überreden. Seine schmetterlingshafte Leichtigkeit im Gedankenaustausch perlt wie Champagner – er inspiriert.

Sein doppelgesichtiges Wesen verbirgt allerdings bisweilen einen Mangel an echter Leidenschaft, die ihn – wie er meinen mag – zu sehr binden würde. Der Zwilling als Luftzeichen schätzt Freiheit und Abwechslung – bleibt aber (fast immer) liebenswürdig. So sind auch seine Küsse: sie animieren, sie faszinieren, ohne daß man recht weiß, was sie wollen.

Zwillingsmänner küssen zärtlich; nicht zu handfest, aber durchaus magnetisierend. Dabei können sie auch einmal abwesend wirken. Gut Kuß – aber überlegen Sie es sich wohl, bevor Sie einen Zwilling binden wollen.

Der letzte Satz gilt auch für **Zwillingsfrauen** . . . ein Hin und Her beim Küssen wirkt auf Spielernaturen aufreizend; Männer, die wissen wollen, woran sie sind, macht das eher etwas nervös. Solange es ein Spiel ist, ist das Kuß-Spiel mit einer Zwillingsfrau interessant.

 **Krebs**

Krebse und Küsse: das ist wie die Schnecke, die nach dem passenden Häuschen schaut. Krebse bekommen und geben nie genug Küsse. Dieses Wasserzeichen ist verschmust, küßt immerfort (wenn man es läßt) alle erreichbaren Körperpartien.
Allerdings: er erwartet emotionale Zuwendung, er will tiefe Liebe, ohne über seine eigenen Gefühle zu reden.

Krebsmänner haben mit ihrem Gefühlsausdruck mehr Probleme als Krebsfrauen. Also versuchen sie lieber, die Partnerin in Küssen zu ertränken als etwas von ihrer Verletzlichkeit zu zeigen.

Mit einer **Krebsfrau** könnte man leicht einen Dauer-Kußrekord für das Guinness-Buch der Rekorde aufstellen – und sich keine Minute langweilen. Manche Männer fühlen sich indes zu schnell in ein festes Heim gezogen.

 ## Endlich: Löwe!

Das Feuerzeichen Löwe – at it's best – küßt königlich,
großzügig, erotisch, – wir wollen uns jetzt bewußt
kurz fassen – erobernd, leidenschaftlich, aber auch
sentimental oder gönnerhaft. Der Löwe geht davon
aus, daß seine Küsse in die persönliche Geschichte
des Partners eingehen und somit ein Leben lang
unvergessen bleiben werden.
»Einen Löwen küssen und sterben«, nein, »Einen
Löwen küssen, und dann noch einen, und immer
wieder . . .«

Löwen küssen äußerlich dramatisch und bühnenreif,
und hinter den Mund-Kulissen . . . wie soll man dieses
Urereignis nur beschreiben . . . voller Engagement,
Raffinesse, mit ganzem Lippen-, Zungen- und oft
auch Bißeinsatz will der Löwe sich und seine Partnerin in nie endende Ekstase küssen.

Löwinnen – der Kußhimmel auf Erden! Hier wird
geküßt in Vollendung, die Zeit bleibt stehen, das Herz
verströmt sich – im Augenblick. Zukunftsgarantien
gibt es allerdings weder hier noch beim männlichen
Exemplar.

(Ja, Sie haben es geahnt: beide Autoren sind Löwen.
»Honi soit qui mal y pense« – und doch ganz unvor-
eingenommen!)

Jungfrau

Herzensregungen werden gern durch praktische Erwägungen abgesichert: so bringt sich die Jungfrau um so manches Kußvergnügen. Das muß aber nicht so bleiben. Denn wenn die vermeintliche sittliche Reife und Zweckgebundenheit einmal zurückgestellt wird, kann der Jungfraukuß den Partner in leidenschaftliche Höhen heben. (Wir empfehlen Prof. Zünglis Patent-Zungenlöser und die vormittägliche Trockenkußgymnastik vor dem Spiegel.)

Jungfraumänner (ein Widerspruch in sich) sind, wenn sie küssen, proper, adrett, zielstrebig, wenig feucht, aber immerhin verläßlich. Das Erdzeichen Jungfrau macht es seinen Männern schwer, den romantischen Romeo zu spielen. Ein Kuß wird ernst genommen, auch wenn er nur ein kleines Amüsement darstellen könnte.

Die **Jungfrauen** wollen behutsam in Fahrt gebracht werden, nach einigen ersten eher ätherischen Küssen können sie sich zu wahren Kußengeln steigern und entfalten.

 **Waage**

Dieses venusregierte Luftzeichen schwankt auf sympathische Weise zwischen einmal zart-romantischen und dann wieder passioniert sinnlichen Küssen. Kein Kuß ist wie ein anderer; ihr Zungenspiel ist ästhetisch-verspielt. Ihr Kunstsinn kommt auch beim Küssen zur Geltung. Allerdings fällt einer Waage feste Kußbindung schwer – weil sie oft auf noch schönere, bessere Küsse hofft.

Waagemänner beherrschen die große weite Welt der Küsse. Sie gelten als sensibel, aber auch als abhängig von Gefühlen und Stimmungen. Das gibt ihnen Begeisterung für den Kußaustausch und gefälligen Lippentanz. Ihr Verbindungstrieb drängt sie dazu, lieber eine mittelmäßige Kußpartnerin zu suchen, als auch nur ein paar Tage einmal »oben ohne« auszukommen.

Waagefrauen sind lebenslustig, kontaktfreudig und benutzen den Kuß auch gern als eine unverbindliche Form des Flirtens. Ihr guter Geschmack läßt sie wählerisch sein – nicht jeder Partner kriegt grünes Licht. In jüngeren Jahren ist eine gewisse Gefahr der Zersplitterung im Liebesleben vorhanden.

 **Skorpion**

Hier tobt bodenlose Leidenschaft. Wer sich nicht ergeben will, wird genommen oder bekämpft. Beim Skorpion fallen alle Schranken, und sein Stachel, die Zunge, bewegt sich hemmungslos in alle auffindbaren Abgründe.
Ein Merkmal des Skorpions ist seine Kuß-Eifersucht – lassen Sie sich von ihm nicht beim Flirt mit anderen erwischen (obwohl er sich selbst kaum Grenzen setzt!).

Skorpionmänner: Obwohl ein Wasserzeichen, paßt sich der Skorpionmann (und die -frau) nicht einfach an, sondern folgt seinem Lebenstrieb. Er setzt seine Energie und Zielstrebigkeit auch beim Küssen ein, bisweilen rücksichtslos, und ist erstaunt, wenn er damit nicht bei allen Damen landet. Aber ein gewisses »Etwas« strahlt er immer aus.

Skorpionfrauen: Sie verfügen über eine große Anziehungskraft, die fast magnetisch wirkt; sie schwanken zwischen extremer Selbstbeherrschung und Zügellosigkeit. Sie wollen die Liebe bis in noch unbekannte Tiefen ausloten, sie können den Partner durch einen manchmal fanatischen Kußtrieb wie verzehren.

 **Schütze**

Dieses Feuerzeichen ist voller Freiheitsdrang und gleichzeitig ständiger Suche nach Abwechslung und Abenteuern – obwohl sportlich und einsatzfreudig, wollen sie sich nicht ohne weiteres »hingeben«. Manchmal wird Berechnung hinter einem übergeordneten Ideal verborgen. Das zeigt sich auch beim Kuß: sie »erobern«, aber bleiben dabei doch oft kühl.

Schützemänner: Sie wollen mit Manneskraft und Kampfesmut auch beim Kuß überzeugen. Durch ihre freimütige Kommunikation wirken sie auf manche Damen besonders anziehend. Ihre Neigung zu Extravaganzen macht sie noch interessanter.

Schützefrauen: Starke Wunsch- und Durchsetzungskraft fordern Partner oft zu noch mehr Einsatz heraus. Aber Schützinnen behalten amazonengleich nicht nur die Hosen an, sondern sind mit Pfeil und Bogen, mit Zunge und Lippen diejenigen, welche Beuteziel und Tempo der Kußjagd möglichst immer selbst bestimmen wollen.

Steinbock

Sie bemühen sich um immer festen Stand auch in schwierigstem Gelände und unter kritischen Lebensumständen. Das macht dieses Erdzeichen beim Küssen eher verhalten, selbst-beherrscht, kontrolliert: Der Steinbock hat Mühe, sich in einem Kuß ganz zu verlieren. Er will sein hart erarbeitetes, scheinbar sicheres Mundament nicht durch einen Sumpfkuß gefährden.

Steinböcke: Ein Steinbockmann verfügt immer über mehr Reserven, als die Partnerin glauben mag – an Ausdauer, Ehrgeiz, Eifer, zäher Durchsetzungskraft. Er gibt nicht leicht auf, und er küßt sowohl gründlich wie pragmatisch-sparsam. Ein immerhin zuverlässiger Küsser.

Steinbockfrauen: Treue, Beständigkeit und Verantwortungsbewußtsein zeichnen sie aus. Ihre Selbstbeherrschung im Liebesleben kann indes zu Enttäuschungen beim Partner führen und als Phantasielosigkeit empfunden werden. Hier hilft vielleicht, wenn sie ihrer Neigung zu erfahreneren und gleichwohl abenteuerlichen Kußpartnern einmal nachgeben.

 **Wassermann**

Der luftige, extrovertierte Wassermann besticht
zunächst durch Originalität und lockeren Austausch.
Er fühlt sich in Gruppen wohler als in innigen (und
bindenden) Zweierbeziehungen, und kann seine
Unabhängigkeitsliebe und seine Lust auf immer
Neues dort besser ausleben.

Wassermänner: Sie wirken durch ihre Offenheit für
Neues belebend, Partnerinnen werden sich nicht so
schnell langweilen. Die Kehrseite ihrer Küsse: sie
wenden sich ebenso schnell von einer Partnerin wieder ab und einer neuen zu. Sie leben aus Augenblicks-
impulsen heraus. Sie können deshalb zum Kußerfin-
der und Kußreformer werden. (Wir erwarten Ihre Einsendungen, siehe Seite 123.)

Wasserfrauen: Fortschrittliche Gesinnung im Liebesleben geht einher mit eigenwilligen Ideen und Freude
an Geselligkeit. Auch Wasserfrauen entwickeln eine
starke Unabhängigkeitsliebe. All dies zusammen läßt
sie Küsse als immer wieder neue Kunstform erleben,
nicht als süßes Unterpfand von Schwüren auf ewige
Liebe.

 **Fische**

Ein Fisch ohne Wasser ist wie ein . . . Fische-Mensch ohne Kuß! Die Fische sind wäßrig-einfühlsam, aufnahmefähig, sie sind phantastische Passiv-Küsser. Eine gewisse Verschlossenheit und innere Hemmung macht es ihnen manchmal schwer, ohne weiteres selbst die Kußinitiative zu ergreifen.

Fischemänner: Abwartendes Wollen und Handeln charakterisiert sie; sie arbeiten (und küssen!) lieber in der Stille. Es umgibt sie etwas geheimnisvoll Unfaßbares. Ihre Küsse sind Versprechen gleich, die sich immer wieder erneuern und weitere Versprechen ankündigen. Sehen Sie nur zu, daß diese auch wirklich eingelöst werden!

Fischefrauen: Ihre männlichen Partner faszinieren sie mit ihrer Liebessehnsucht, Verführbarkeit und Sorglosigkeit. Sie können sich einem Kuß ganz hingeben – allerdings sollte der Mann nicht glauben, sie damit zu besitzen. Denn vor allem Fischefrauen suchen einerseits den Halt einer Zweierbeziehung, fürchten sich aber gleichzeitig davor, darin ihre eigene Identität zu verlieren.

Das sind kosmisch gültige Anhaltspunkte dafür, wie uns die Sterne küssen. Vorlieben für besondere Kuß-

arten (siehe »Küsse von A bis Z«) und spezielle Mundformen und ihre jeweilige Kußeignung (siehe »Keine
Lippe wie jede andere«) lassen natürlich fast unzäh-
lige Kußvarianten zu.

Pasten, Sprays, Parfums, Lippenstifte und Balsame
sowie andere Duft- und Make-up-Mittel und Mund-
hygienika verdecken leider häufig mehr von unserem
eigentlichen Wesen, als daß sie es wirklich akzentuiert
zur Geltung bringen.

Der große Kußtest –
für sie und ihn und Sie –
mit 28 Lebensfragen

Kreuzen Sie die für Sie zutreffenden Antworten an
und zählen Sie am Schluß Ihre Punkte zusammen –
mal sehen, was für eine Figur Sie zwischen Kinn und
Scheitel abgeben. Pro Frage nur **eine** Antwort! Wenn
Sie sich nicht entscheiden können, fragen Sie Ihre/n
Partner/in oder Ihre Schwiegermutter. Ein − vor der
Punktzahl heißt Punkteabzug!

1. Ich lache gern und häufig, jeden Tag
   ein paarmal 5
   Ich lache ab und zu, wenn es die Situa-
   tion erlaubt 3
   Ich habe selten etwas zu lachen in mei-
   nem Leben 1
   Lachen – wie geht das? Machen Sie's
   erst mal vor 0

2. Können Sie sich an Ihren letzten Kuß-
   Spaß erinnern?
   Nein 0
   Das war vor ein paar Monaten 1

Wahrscheinlich vorige Woche 2
Nur ein paar Tage her 3
Das war erst gestern 4
Da gibt's nichts zu erinnern. Jetzt
gerade, beim Lesen dieses Büchleins
probiere ich alles aus 5

3. Tragen Sie am liebsten und häufigsten
   hautenge, auf Figur geschnittene Kleidung? 1
   bequeme, lockere Kleidung? 5
   weit schwingende Gewänder? 3

4. Ich trinke alkoholische Getränke
   nie 3
   wenig und nur bewußt 4
   weiß ich nicht 1
   ziemlich viel 1

5. Sie können (nur hier und bei Frage 27
   sind Mehrfachantworten erlaubt)
   Ihre Zunge lang und spitz heraus-
   strecken 2

mit der Zunge eine Längsröhre formen 4

Ihre Zunge quer zum Mund einrollen 3

Ihre Zunge wie ein Chamäleon her-
ausschnellen 2

mit der Zunge Ihre Nasenspitze
berühren 5

nichts von alledem . . . . −2

eines oder mehreres und **gleichzeitig**
mit den Ohren wackeln (vor Spiegel
bzw. Partner/in prüfen) 5

6. Ich esse am liebsten

sauer 1

süß 1

würzig 3

scharf 0

natürlich 4

(Hier geht's um sensible Züngelein – nicht
schummeln)

7. Ihre Haare sind

weich, gewellt 2

kräftig, buschig 3

drahtig 2

locker gelockt 3

kratzbürstig 0

8. Das **natürliche** Haar des/der
Partner/in ist

blond	3
rot	4
braun	5
schwarz	3
weiß ich nicht	−2

9. Mein/e Partner/in hat folgende Augenfarbe

blau	2
braun	3
schwarz	4
grün	2
blaugrün	3
grünbraun	4
bernsteinfarben	5
links und rechts verschieden	3
gemischt	2
weiß ich nicht	−4

(Das hätten Sie gar nicht gedacht, daß es so viele
Farben gibt. Sie küssen wohl immer mit
geschlossenen Äuglein?)

10. Ihre Augenfarbe interessiert für diesen
Test – leider – nicht.

11. Meditieren Sie
oft? 5
ab und zu? 3
nie? 0
ich weiß nicht, was diese Frage hier
soll? . . . . **−1**

12. Ihre Lippen sind eher
voll 3
durchschnittlich 2
schmal 1

13. Diese Zahl lassen wir aus, damit kein
Kußunglück entsteht.

14. Ihre Lippen sind eher
bläulich 1
rosig 3
gelblich 1
blaßrosa 2
vollrot 4

(Falls Sie bläuliche oder gelbliche Lippen haben,
sollten Sie mal einen Heilkundigen besuchen.)

15. Ich küsse

immer mit geschlossenen Augen 3

immer mit offenen Augen 2

ich kann mich nicht mehr erinnern 1

mal mit offenen, mal mit geschlosse-
nen Augen 4

meistens mit geschlossenen, ab und
zu mit offenen Augen 5

16. Ich stehe gern

früh auf und gehe zeitig zu Bett 4

spät auf und gehe spät zu Bett 2

früh auf und gehe spät zu Bett 3

spät auf und gehe zeitig zu Bett 0

17. Ich rauche

täglich . . . . **−5**

ab und zu 0

seit Jahren nicht mehr 3

seit Monaten nicht mehr 2

ich habe nie geraucht 5

18. Ich kaufe mir eine Zahnbürste

alle 2–4 Wochen 4

alle 3 Monate 2

jedes Jahr 0

19. Ich putze meine Zähne

regelmäßig 2× täglich 5

regelmäßig 1× täglich 2

noch unregelmäßiger als 1× täglich 1

ich besitze keine Zahnbürste . . . . **−3**

20. Zahnseide besitze und benutze ich

täglich 4

ab und zu 2

nicht 0

(Wir haben übrigens – noch – keinen Beraterver-
trag mit der Zahnbürsten- und Zahnpastenindu-
strie. Schade. Nichts für ungut – ein Kuß soll ja
immer auch eine sensorisch-ästhetische Freude
sein.)

21. Ihr liebstes Haustier ist

ein Hund 3

eine Katze 2

ein Kaninchen 3

ein Vogel 2

anderes; urteilen Sie selbst,
max. 5 Punkte . . . . ??

22. Sie essen

viel Fleisch 0

wenig Fleisch 2

weder Fleisch noch Fisch oder
Geflügel 5

23. Sie arbeiten

mit Spaß und Ziel 4

ungern, nur um zu überleben 2

darüber habe ich nie nachgedacht 0

24. Als Musikinstrument würde ich am
liebsten spielen

Klavier 2

Geige 3

Trompete 4

Flöte 5

Pauke 1

gar keins 0

(Musik beschwingt bekanntlich und kann eine
ganz eigene Sinnlichkeit stimulieren – hat also
mit Küssen **ganz** viel zu tun!)

25. Mein/e Partner/in und ich gehen in
Urlaub am liebsten

im Frühling 4

im Sommer 3

im Herbst 4

im Winter 2

nie zusammen, weil wir uns nicht

einigen können 0

26. Sie mögen als Kußpartner am liebsten
(siehe Mundformen, S. 16 ff.)

Schmallippler 0

Kernbeißer 3

Hängelippen 0

Schnatterboxen 2

Lästermäuler 1

Schmollmünder 2

Breitmäuler 2

Spitzschnuten 1

Lüsterschnappen 4

Schleckermäulchen 3

Schreckrachen 0

Gierschlünder 1

(Sie merken sicher, daß es kaum eine völlig
ideale Mundform gibt. Wenn Sie Prof. Züngli
auf die Sprüngli helfen wollen, senden Sie uns
Ihre Forschungsergebnisse diesbezüglich zu!)

27. Die heikelsten Fragen am Schluß – Sie
haben noch Chancen, Punkte gut-
zumachen.

Ihr Sternzeichen ist		Ihr/e Partner/in ist
Widder	2	3
Stier	3	4
Zwillinge	3	2
Krebs	4	3
Löwe	5	5
Jungfrau	2	3
Waage	4	5
Skorpion	3	5
Schütze	3	2
Steinbock	2	3
Wassermann	3	3
Fische	4	5

So, und wenn Sie was von Astrologie verstehen und
wissen, wo **Ihr** Aszendent, **Ihr** Mond und **Ihre** Venus
stehen, dürfen Sie sich für jeden dieser drei astrologi-
schen Faktoren die entsprechende Punktzahl aus
Ihrer linken Spalte dazuzählen – je nachdem, in wel-
chem Sternzeichen eben Aszendent, Mond und
Venus in Ihrem Horoskop zu finden sind.
**Als Trostpreis für die Leserinnen und Leser, die ihr
Horoskop nicht kennen: Sie dürfen sich 3 × 2
Punkte . . . richtig, 6! zu Ihrem Gesamtergebnis
addieren.**

Bitte fragen Sie uns nicht, wie wir zu dieser Punktewertung der Sternzeichen gekommen sind – wir müssen uns der Schweigepflicht seriöser Kußberater beu-
gen und dürfen einfach nicht weiter aus unserem
Nähkästchen plaudern.

Noch eine letzte Chance, Küsse zu punkten:

28. und letzte Frage:
Sie lassen sich am liebsten zum Kuß
verführen und genießen   3
Sie verführen am liebsten selbst
jemand anderen zum Kuß und
genießen   4
Eigentlich macht Ihnen das Küssen
keinen großen Spaß   1
Sie achten nicht darauf, wer wen zum
Kuß anregt   2
Sie verführen gern und lassen sich
auch gern zum Kuß verführen und
wissen immer, wer »dran« ist   5

Ihre Punktewertung weist jetzt, wenn Sie alle Punkte zusammenzählen und Sie nicht geschummelt und wir uns nicht verrechnet haben,

mindestens 1 Punkt
und höchstens 143 Punkte auf.

Unser beliebter Prof. Lippold Züngli hat in aufwendigen Doppelblindtests (wenn also keiner wußte, wen er küßt) ermittelt, daß

Lasche Schnute mit
   1– 40 Punkten den Kußorden in Amalgam,
Amateur mit
 41– 80 Punkten den Kußorden in Silber,
Schnellzüngler mit
 81–120 Punkten den Kußorden in Porzellan,
Kußkünstler mit
121–143 Punkten den Kußorden in Lippen-Rot-Gold

verdienen. Darüber hinaus haben Sie ja auch die Gelegenheit, sich selbst und dem/der Partner/in den eigenbenoteten Kußorden zu überreichen. Seite 6/7!

Das war schon alles zum Test? Nein, natürlich nicht. Das Spannendste kommt noch – nämlich der tiefe Blick der Kußexperten in Ihre Mund- und Seelen- höhle. Hier ist er:

143–121 Punkte – Die Kußkünstler:

Sie sind lebendig, sensibel, beherrschen das Kußre- pertoire und wissen gleichzeitig, daß es nicht immer nur um »das Eine« geht. Sie sind zärtlich und leiden- schaftlich, ausdauernd und doch nicht ermüdend. Als Naturtalent beherrschen Sie sowohl den Casa- nova- wie den Cowboy-Kuß, den Froschkönig- und den Franzosen-Kuß. Sie haben etwas vom feurigen Sonnen-Löwen oder der venusbestrahlten Waage, dem genüßlichen Stier oder den neptunischen Fischen – vielleicht sogar alles!?
Sie führen ein bewußtes Leben, achten auf frische Mundwerkzeuge, freie Gedanken und ein fröhliches Gefühlsleben.
Der Kußorden im seltenen Lippen-Rot-Gold steht Ihnen wirklich zu! Unsere Bitte: Versäumen Sie nicht – bei diesem Traumergebnis – den Autoren einmal bei Gelegenheit eine Kostprobe Ihrer Künste darzubieten. Nur weiter so!

81–120 Punkte – Die Schnellzüngler:

Sie gehören in die wachsende Gruppe der versierten Kußliebhaber, die es aber – vielleicht wegen Arbeitsüberlastung oder aus Alters- und Gewichtsgründen – manchmal am rechten freudigen Einsatz fehlen lassen. Sie haben Ihre Erfahrungen gemacht und neigen jetzt dazu, ein wenig mundfaul zu werden.

Lassen Sie nicht Ihre Zunge hängen. Erinnern Sie sich an Ihren ersten Kuß (siehe dort); versuchen Sie wieder mal den elektrischen Kuß; retten Sie sich aus dem Ehekuß notfalls in den Erleuchtungskuß (Sie merken schon: 81–120 Punkte, da sind die »E«-Küsse das entscheidende Thema); lesen Sie, wenn alles andere nicht mehr hilft, beim ewigen Kuß nach:

>>Küß mich als gäb's kein Morgen!<<

41–80 Punkte – Die Amateure:

Sie Tüte! Sie wollen zwar oft ganz gern, wissen aber noch nicht / nicht mehr, wie's geht. Also brennt dann irgendein Strohfeuer ab, das schnell erlischt, weil Sie weder Odol dabei haben noch Ihr Mienenspiel mit den unterstützenden Handreichungen und den Kußwerkzeugen in Harmonie bringen.

Was soll man dazu noch sagen? Kopf hoch, Ohren geradeaus, Lippen in Bereitschaft – und ruhig mal ein bißchen bewußter leben und sich nicht einfach so dahintreiben lassen.

Aber – das wird schon. Man muß nur den guten Willen dazu haben, wie schon Karl Valentin selig feststellte.

Üben Sie doch zumindest den Nasenkuß oder den Russischen (siehe dort).

1–40 Punkte – Die laschen Schnuten:

Sie sind beim Küssen gelangweilt, geistes- und gefühlsabwesend, unbeholfen, auf wenige starre Kußmanöver eingefahren, lernunwillig.

Da gibt's nur zwei Möglichkeiten:
★ Sie sagen einer der schönsten Formen des menschlichen Lebens – der Begegnung mit dem intimen Kußaustausch – für diese Inkarnation ade und widmen sich nur noch Kino, Cocktails und der Küche;

oder:

★ Sie machen sofort den Test noch mal, ob Sie nicht irgendwo noch ein paar Punkte mehr für Ihr angeknackstes Selbstbewußtsein rausholen können. Auf jeden Fall schreiben Sie sich für ein Langzeitseminar mit Praxisphase an Prof. Zünglis Kußakademie in Jungferndorf ein.

Notfalls verleihen Sie sich den Goldenen Kuß selbst, oder Sie üben das Partyspiel (S. 119).

»Reden ist Silber – Schweigen ist Gold
(nicht, weil man dann essen, sondern eben
küssen kann)
– und Küssen kann himmlisch sein.«

Und weil das alles so ist, verraten wir Ihnen nicht, mit wieviel Punkten wir selbst abgeschnitten haben.

Zum guten Schluß, damit das Küssen keine Trocken-
übung vor dem Spiegel oder auf eine Zweierkiste
beschränkt bleiben muß:

Das Partyspiel
»Rund um den Mund«

Jeder Gast und jede Gästin machen bei der Ankunft
einen Mundabdruck auf ein kleines Blatt Papier.
Teilnehmer beiderlei Geschlechts tragen Lippenstift
auf, wenn sie »oben ohne« kommen (daran denken,
Papiertaschentücher zum Abschminken bereit zu halten – für die, denen das Abschmusen noch zu früh am
Abend wäre).
Auf die Rückseite des Papiers wird der Name
geschrieben. Männlein und Weiblein benutzen für
ihre Mundabdrücke Papier in unterschiedlichen Farben.
Die Mundabdrücke werden auf eine Wand oder eine
Tafel gepinnt. Auf »los« geht's los. Jeder Teilnehmer /
jede Teilnehmerin sucht sich seinen / ihren Lieblings-
mund aus,

★ als Tanzpartner/in
★ als Tischdame / Tischherr
★ etc.

Sie werden schnell feststellen, daß sich ja nicht immer genau die gleichen gegenseitig aussuchen – also stehen Sie plötzlich mit drei, vier oder mehr Partnern/innen da.
Jetzt geht natürlich nicht das große Hauen und Stechen los (dazu sind Sie inzwischen schon zivilisiert genug, hoffen wir), und auch keine Kußduelle, sondern . . .

Auflösung 1: Bei geraden Teilnehmerzahlen versuchen Sie sich zu einigen; wenn das nicht klappt, wird in der Kleingruppe blind gezogen. (Was? Die Kußabdruckpapiere natürlich. Was dachten Sie denn, Sie Schlimme/r?) Bei ungeraden Teilnehmerzahlen wird ein überzähliger Mundabdruck zurückgehängt – und hoffentlich sind noch genug andere im Rennen – sonst wissen wir auch nicht weiter.

Auflösung 2: Die Partner/innen küssen sich gegenseitig (nur jeweils einmal!, damit das nicht zur unkontrollierten Knutschorgie ausartet) und entscheiden sich danach für bzw. gegeneinander. (Kußologen werden es schon bemerkt haben: auch diese Lösung funktioniert nicht immer reibungslos. Also wieder zurück zu Auflösung 1.)

Auflösung 3: Sie nehmen sich unser Buch und stellen fest, was Ihre drei Lieblingsküsse sind. Die meisten Übereinstimmungen zählen, so daß die jeweiligen Partner/innen zusammenfinden. (Auch das ist nicht unbedingt immer die letzte Lösung – die finden Sie unter Nr. 4 und in unserem nächsten Buch – aber irgendwann muß auch mal Schluß sein.)

Auflösung 4: Sie stellen gemeinsam fest, daß Sie sich nicht einigen können, und Sie die »3K« nicht beherrschen, also setzen Sie jetzt einen Abend aus und gehen wieder nach Hause. (Die »3K« sind: Kommunikationsfähigkeit, Kreativität, Kußfreudigkeit. Klar, Sie wußten das natürlich schon immer . . .)

Und wie küssen Sie? – Schicken Sie uns Ihren Lieblingskuß!

Liebe.inzwischen ja schon immerhin theoretisch erleuchtete Kußexperten:
Vielleicht kennen Sie einen Kuß (oder mehrere), von dem Sie meinen, daß er unbedingt buchreif sei. Nichts wie her damit! (Wenn Sie ein Foto einsenden, überlegen wir uns, ob wir Sie sogar zur praktischen Kußprüfung einladen.) Jetzt müssen wir uns selbst zur Ordnung rufen!

Also: Wenn Sie diese Seite heraustrennen und an uns einschicken, und Sie alles richtig ausgefüllt haben, hat »Ihr« Kuß vielleicht eine Chance, in der nächsten Ausgabe mit abgedruckt zu werden. Also ran an den Mund.

Vorname, Name: ....

Straße: ....

PLZ, Ort: ....

Ich schlage zum Abdruck in der nächsten Ausgabe
folgende/n Kuß/Küsse vor:

....

Wenn mein/e Vorschlag/Vorschläge zum Abdruck
kommen, übertrage ich hiermit rechtsverbindlich alle
Rechte an die Autoren dieses Buches. Der Verlag wird
mir dann bei Erscheinen 5 Exemplare der neuen Ausgabe kostenlos zuschicken.

Ich möchte/möchte nicht, daß mein Name als »Kuß-
einsender« abgedruckt wird.

Unterschrift, Datum, Ort: ....

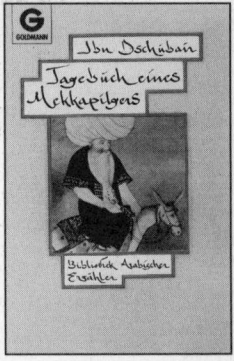

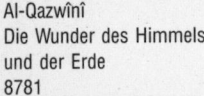

Hans Kruppa

Nur für Dich
8869

Nur wer sich liebt
8971

Schau mal rein
8920

Liebesgedichte
9266

Ein Abend mit Dir
9234

KAITO
Ein Märchen
9422

Mitgefangen – Mitgehangen
Irrwitzige Geschichten
9457

GOLDMANN